华为
员工激励法

留住人才，提升企业竞争力的核心

—— 王伟立◎著 ——

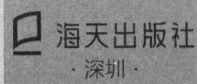
海天出版社
·深圳·

图书在版编目（CIP）数据

华为员工激励法 / 王伟立著. —深圳 : 海天出版
社, 2020.4
（华为员工培训读本系列）
ISBN 978-7-5507-1774-9

Ⅰ.①华… Ⅱ.①王… Ⅲ.①通信—邮电企业—企业
管理—人事管理—激励—深圳市 Ⅳ.①F632.765.3

中国版本图书馆CIP数据核字(2016)第230149号

华 为 员 工 激 励 法
HUAWEI YUANGONG JILIFA

出 品 人　聂雄前
责任编辑　邱玉鑫　张绪华
责任技编　陈洁霞
封面设计　元明·设计

出版发行　海天出版社
地　　址　深圳市彩田南路海天大厦　（518033）
网　　址　www.htph.com.cn
订购电话　0755—83460239（邮购、团购）
设计制作　蒙丹广告0755-82027867
印　　刷　深圳市希望印务有限公司
开　　本　787mm×1092mm　1/16
印　　张　15
字　　数　245千
版　　次　2020年4月第1版
印　　次　2020年4月第1次
定　　价　48.00元

前 言

30 多年来，华为专心专意做了一件事——连接。华为人不是仅仅去世界看一看，而是服务于全世界超 30 亿人。

华为 2018 年营业收入 7212 亿元，实现净利 593 亿元。这个规模带动了近万亿规模的产业链，间接推动两百多万人的就业。只要是数据经过的地方，都有华为的产品和服务。华为这 30 多年来所做的最大贡献就是消除数字鸿沟。

正如任正非所说："我们提供的产品与服务已无处不在，无时不在，无论在缺氧的高原、赤日炎炎的沙漠、天寒地冻的北冰洋、布满地雷的危险地区，还是森林、河流、海洋……只要地球有人的地方，都会有覆盖。"

华为得到了世界的认可，全球 500 强榜，华为在 2010 年第一次上榜排在 397 位，2019 年是 61 位，9 年上升了 336 位。

华为作为我国高科技领域的领先者，无疑是中国当前最优秀、最成功的标杆企业之一。华为的技术能力发展迅猛，华为的销售能力咄咄逼人，这是因为有一批勤奋努力、奋勇直前的华为人，而他们的进取精神来自华为的人才激励制度。

激励是增强企业内部凝聚力，提升企业综合竞争能力的一个重要途径。激励方式方法得当，非常有助于调动员工的工作积极性，提高员工对企业的忠诚度，留住核心员工；激励方式方法不当，员工工作兴致不高，对企业的忠诚度也低，人才很可能因此而流失。

华为之所以为华为，其中最重要的因素就是华为有效的激励机制。这一机制使华为能够吸引并留住一大批优秀的技术、市场、管理人才，通过人才垄断和锻造，造就了华为当今的人才优势。华为作为高新技术企业，知识性员工占多数，其员工的激励不能再停留在生存和物质利益的阶段，而要更加关注员工是否受到尊重、是否实现自我等高层次的精神需要。独特的激励机制让华为人一直引以为荣。

华为的激励机制不仅使华为吸引了一大批优秀的技术、管理、市场人才，也给华为带来了飞速的发展。也正是得益于华为有效的激励机制，人才大量聚集，华为国际化之路才得以更加稳健。

有效的激励管理能帮助企业鼓舞士气、提高工作效率、留住人才，是企业获得长久发展的重要因素。因此，大多数企业都会在员工激励方面下功夫。由于不得要领，一些企业无法达到预期的激励效果。企业到底应该怎样做才能让员工同心同德、增强工作责任心？哪些激励措施才能点燃员工的工作激情、挖掘其潜能？

《华为员工激励法》本着帮助企业"提高员工积极性""提升员工效率""解决员工管理问题"的编写原则与态度，为读者提供了华为激励员工的理论方法及真实案例，帮助读者梳理复杂的专业理论与方法，并做到灵活运用、融会贯通，在此基础上建立自己的方法应用体系。

正如许多著名商学院在课程中设置大量案例让同学们接触的教学方式，本书亦密切联系理论和实践，用华为的实际案例分析解决问题，帮助读者真正掌握所学知识。

需要提醒各位的是，本书所介绍的这些激励手段，并不是你一旦采用就能够一劳永逸的。因为任何一种激励手段都具有自己的生命周期，当采用某种方式对某位员工产生了良好的激励效果后，随着时间的推移或员工的需求逐渐得到满足，其积极性也将逐渐消退，激励效果就会逐渐减弱甚至消失。企业管理者可以根据企业的自身状况及对员工的了解，有针对性地、交叉使用各种激励方法，力争达到最佳的激励效果。

高效的管理者都是真正的行动导向者。每当听到一个好的观点时，他们都会迅速采取行动，付诸实施。因此，在阅读本书的过程中，一旦你觉得有些东西有助于激励员工，帮助他们取得更好的表现，不要拖延，立即付诸实践，结果必定会使你感到惊喜。

目录

总述　激励是所有管理者的任务

上篇　基础激励

下篇 动力激励

 **总述**

激励是所有管理者的任务

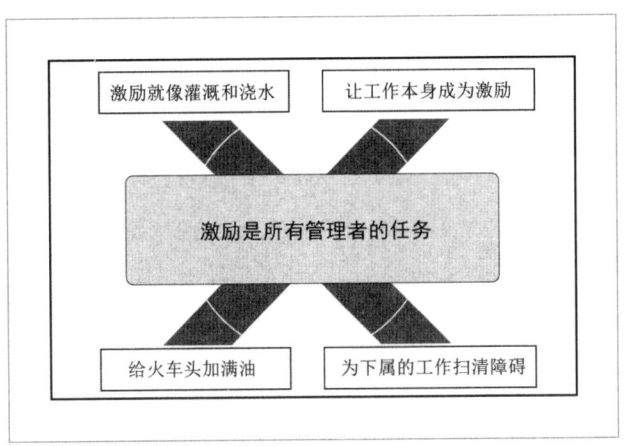

激励从来就不仅仅是人力资源部门的工作，它是所有管理者的任务，属于领导力的范畴。

第一节 激励就像灌溉和浇水

二战时，美国某支军队中有一名叫克雷默的中层军官，他很有才华，同时对周围的士兵也很关心。在一次演讲训练中，有位年轻士兵的激情演讲，给克雷默留下了深刻的印象。自此，他就格外关注这位士兵。通过一段时间的接触和了解后，克雷默发现，这位士兵不仅有活力和干劲，而且还非常热爱学习。由于这位士兵在入美籍之前是个德国难民，因此克雷默就推荐他去欧洲战场，做将军的德语翻译。这位士兵果然没有辜负克雷默，工作做得非常认真和出色。这位士兵从欧洲战场上回来后，克雷默又推荐他担任几座小镇的管理者。这位士兵将自己的管理才能发挥得淋漓尽致，将小镇管理得有声有色。几年以后，这位士兵将要退役了。

只有中学学历的他想要借退伍军人法案的有关规定到纽约市立学院去读书。克雷默得知这个消息后却非常反对。他找到了这位士兵，对他说："绅士是不进市立学院的，他们都去哈佛。"在克雷默眼中，这位年轻的士兵是不该被一所平庸的大学埋没的，因此他全力说服这位士兵去著名的哈佛大学读书。不仅如此，他还积极地替这位士兵安排。这位士兵在哈佛读书期间，克雷默不断地给予他鼓励和支持，直到这位士兵获得了博士学位并留校任教。而克雷默对这位士兵的关注，在士兵的人生中起到了不可忽视的作用，是他成就日后事业的奠基石。

对于克雷默，也许你并不知道，但是对于他所关注的这位年轻士兵，你绝不会陌生。他，就是美国前国务卿基辛格。与其说入伍改变了基辛格的命运，倒不如说克雷默的关注改变了基辛格的命运来得贴切。若没有克雷默的关注、提拔和鼓励，这世上很可能就少了一个了不起的外交家。

彼得·德鲁克甚至在他的《旁观者》一书中这样说道："基辛格正是克雷默造就出来的，克雷默发掘、训练了他。事实上，克雷默正是他的再造恩人。"由此可见，一位管理者对下级的关注是多么重要，合理、恰当的关注，有时候能够将下属激励成为巨人。

对于善于利用激励手段的管理者来说，有时候奖赏并不需要很多的投入，却可能换来员工业绩很大的增长。一位员工所能取得的业绩，不仅取决于其能力，更重要的是取决于其态度。而员工工作的态度，在很大程度上取决于领导的认可和奖励。激励是指通过某种形式，对员工行为表示肯定，从而加强其持续该行为的意愿。有人比喻说激励是行为的钥匙。作为管理者，只有善用激励这把钥匙，才能让员工在工作中发挥出最大的主观能动性，获得最佳的业绩。

一般认为，人平常只发挥了 20% ～ 30% 的潜能，有效的激励及开发可使潜能被发挥到 80% ～ 90%。

在通用电气公司前 CEO 韦尔奇看来，管理者要做的一件重要事情，就是要确保让所有的员工都自我感觉很好，每天都让他们觉得非常自信，让他们愿意做更多的事情，承担更多的风险，做更多的尝试。

韦尔奇甚至用以下的比喻来强调激励的重要性："公司的员工就像你的种子一样，你给他们的鼓励就像灌溉和浇水，他们会不断地成长。你在花园中，公司里的花园会长杂草，将他们拔掉，将绩效不好的员工赶出去，你的工作不是吓别人，而是帮助员工不断地发展，就像美丽的植物和花朵一样，能够长得非常漂亮。"

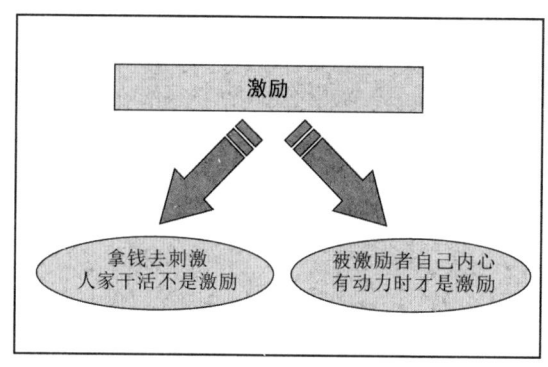

图 1.1　激励的定义

什么是激励，拿钱去刺激人家干活不是激励，只有当某个人自己拥有发动机时，我们才可以说他得到了激励。

任正非表示：华为的激励制度改革要关注到公司的每个角落，让人人都能分享到公司成长的收益。

在创业初期，任正非就有很强的人才资源意识。华为公司是深圳企业中最早将人才作为战略性资源的企业，很早就提出了人才是第一资源、是企业最重要的资本的观念，这在当时具有很强的超前意识。

一个企业最重要的就是它的员工，所以推动和激励员工是如此的重要。华为是如何获得令世人瞩目的成就的呢？其中的原因很多，但华为独特的员工激励方式也算是其一大法宝。人们不由得要问，是华为造就了一大批懂管理、技术以及销售的人才，还是一大批人才的聚集成就了如今的华为？

第二节 让工作本身成为激励

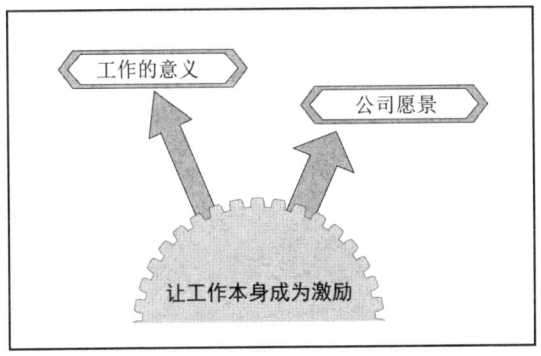

图 1.2 两大激励的因素

说到员工激励，管理者们首先想到的往往是使用金钱，认为只要多给员工一些钱，就能够让员工全力以赴地工作。

事实果真如此吗？答案是否定的。当问到员工在工作中最看重什么，是什么激励着他们努力工作，或让他们对工作感到满意时，在所有的答案中，金钱远远地排在后面。

没有人喜欢平庸，尤其对于那些年纪轻、干劲足的员工来说，富有挑战性的工作和成功的满足感，比实际拿多少薪水更有激励作用。事实上，很多员工对自己所在的工序已经驾轻就熟，操作已得心应手，他们希望有更多机会展示自己的技能，也愿意接受更高的挑战。

因此，企业应该适时给予机会，让他们不仅仅只从事一道工序，而是参与到更多道工序中来，这样不仅提高了员工主动参与的积极性，还能为企业储备更多的"多面手"，在企业出现紧急生产瓶颈时，他们便成为重要的生力军。这样的员工越多，企业的生产能力就越强，各个生产环节便不会出现梗阻的现象。因此，企业培养"多面手"员工具有重要的现实意义。

工作的意义

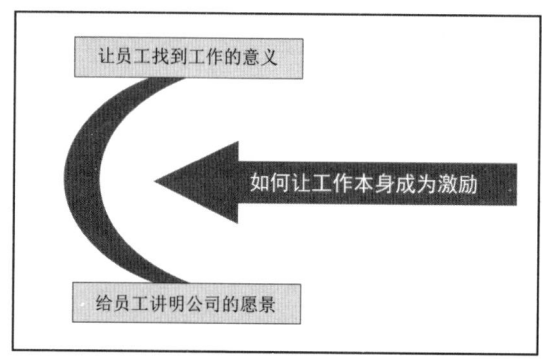

图 1.3 推行工作激励的方法

企业要培养多面手员工，最有效的方法就是在企业推行工作激励。工作激励是通过提高员工工作的丰富程度来调动员工工作积极性的一种激励方法，其实质就是让工作本身成为激励因素。

下面是一位华为人的感触：

2013 年 8 月由于部门人员调整，亚太对账小组组长空缺，主管决定给我一次锻炼的机会，试用期 3 个月。于是，我在忐忑和自我鼓励中开始了新角色的征程。

万事开头难，很快我就遇到了挑战。一次工作安排后，A 成员迟迟未交付，原来她认为这种工作意义不大，没有必要去按要求执行。我一时间不知道怎么说服和沟通。在向其他同事请教后，我意识到前期下发工作任务时没有明确工作的目标和价值，没有让 A 感觉到工作的意义，后来也没及时沟通，结果只能被动地等待问题出现。意识到这些问题后，我主动找到 A 同事，了解她的工作习惯并听取建议，大家在愉快的氛围中解决了问题。

优秀的企业不仅给员工发工资，还给员工的工作增添意义，使他们觉得他们的工作在社会上很高尚，他们担负着某种使命。而且，尽可能地让他们扩大工作范围，允许他们经常调换工作，调剂他们的身心和工作强度，促使他们对工作产生强烈的兴趣。通过工作，他们感到自己是某种最美好最优秀事物的一部分，他们生产品质优良的产品，他们的价值得到普遍承认和赞赏，在这种情形之下，员工能够最大限度地发挥聪明才智、干劲和热情。

美国哈佛大学教授威廉·詹姆斯在对员工的激励研究中发现，实行计件工资的员工，其能力通常只发挥20%～30%，仅仅是保住饭碗而已，因为许多员工只满足于计件不少于其他员工就行，因此他们会很容易寻找很多理由来使自己懒惰。同样一个员工，在得到充分激励后，发挥的作用相当于激励前的2～3倍。通过激励，企业可以更充分地发挥员工的技术才能，提高员工工作的有效性和效率。

管理者要帮助员工找到工作的意义，让他们形成工作成就感，这样才能将激励的效果发挥到最大。那么什么是没有意义的工作呢？早在远古时代，人们就给出了这个问题的最佳答案。在古希腊故事中，有一个叫西西弗斯的国王，他戏弄了死神和冥王等众神。众神为了惩罚西西弗斯，让他每天把一块大石头从山脚推到山顶，每次当他刚好要到达山顶的时候，大石就会滑落回山脚，西西弗斯只有顶着烈日重新再推，如此循环不断。这就是无意义工作的极致。

杜克大学的丹·艾瑞里做过一个研究。他找了一些大学生来做一件工作，在一张印满字母的纸上找出两个相连的 S 圈出来，有点类似校对的工作。这些大学生被告知这个工作是有报酬的，校对完第一张给 55 美分，第二张给 50 美分，第三张给 45 美分，以此类推。每校对完一张，学生们可以选择是否继续校对下一张。也就是说，当学生们感觉自己的劳动跟报酬不相符的时候，可以停止工作。

　　每校对完一张，学生把校对好的那张纸交给实验者。有一些学生把校对好的纸张交给实验者的时候，实验者会看也不看就把这张纸放到碎纸机里碎掉；对另外一些学生，实验者还是看也不看就把这张纸放到一摞纸的上面；还有一些学生比较幸运，实验者接过他们的纸，会假装感兴趣地看一遍，点点头，并且让学生把自己的名字写在纸上，再放到一摞纸上面。你们猜猜看，在报酬一样的情况下，哪组学生会更有工作的热情呢？

　　你或许已经猜到了，获得承认并且把名字写在纸上的那组学生工作热情最为高涨。这组当中有49%的人校对了10页纸，即使到了最后那页纸只获得可怜兮兮的10美分薪水也没有关系。自己校对完的纸没被任何人看到就被碎掉的那些人工作热情最低，他们当中只有17%校对了超过10页纸。由此可见，自己的工作被他人看到是多么重要。

　　一份有意义的工作，就是可以产生影响的工作。

　　我们在工作中，需要找到工作的意义，这样才能产生工作的成就感。工作成就感正是激励我们更好工作的一个有效因素。下面是一位华为人的感悟：

　　　　进入工作的执着期这个阶段，在导师的帮助和指引下，我不断地学习更深层次的知识，不断地了解系统内外的关系，不断地钻研更前沿的技术，不停地向专家的目标迈进。伴随着自己的学习和积累，我的工作能力突飞猛进，工作变得更加顺心，于是在不经意中我发现了测试的意义，工作成就感也就油然而生。正如测试部的口号"品质千锤百炼，测试一马当先"，我在工作中经常为一个问题和开发人员争得面红耳赤，经常为解决系统Bug（在电脑系统或程序中，隐藏着的一些未被发现的缺陷或问题统称为Bug——漏洞）而欣喜万分，就这样在快乐的工作中度过一天又一天,这也许就是工作的意义,生活的意义。

公司愿景

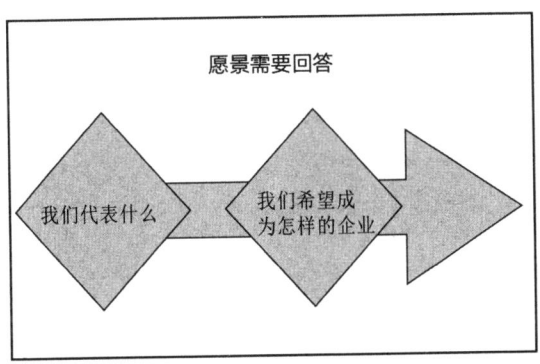

图 1.4 公司愿景需要考虑的两个因素

公司的愿景本身就是工作意义,只是愿景离员工的日常工作比较远,所以员工不太容易感受得到。企业愿景体现了企业家的立场和信仰,是企业最高管理者头脑中的一种概念,是这些最高管理者对企业未来的设想,是对"我们代表什么""我们希望成为怎样的企业"的持久性回答和承诺。企业愿景也不断地激励着企业奋勇向前,拼搏向上。只有清晰地描述企业的愿景,员工、社会、投资者和合作伙伴才能对企业有更为清晰的认识。一个美好的愿景能够激发人们发自内心的感召力量,激发人们强大的凝聚力和向心力。华为的愿景是丰富人们的沟通和生活。在华为一线工作的华为人可以真切地体会到公司的愿景:

> 无线技术工程师梁振刚是老海外了,从 2008 年初开始常驻,经历过 2011 年利比亚战乱,短暂回国后又主动申请回到利比亚。他是首都的黎波里办公室出了名的"金刚钻",再复杂的交付项目交给他都能有条不紊往前推动。
>
> 2013 年底,在利比亚首都西部 50 公里的扎维耶,老梁在这

里进行最后一个 Wimax 站点的交付工作。据老梁讲，调测站点的时候，周边围了一群当地人，他们一边看着老梁调测设备，一边拿出手机来看能不能上网，这让老梁压力山大。顺利调完后，当地人发现可以上网了，非常激动，硬把老梁拉到家里，让老梁沐浴更衣，穿上利比亚的民族服装，给老梁准备了一顿丰盛的阿拉伯大餐。

老梁问他们为什么这么激动，当地人说，之前站点周边没有信号，不能上网，每次要上网必须开车到首都附近才行，所以他们每次去首都，都会待很长时间，把购买的流量用完了才回去。现在他们终于可以在家里上网了，所以特别高兴。

平时说话还有点腼腆的老梁说，那天他哭了。

老梁说，之前对公司的愿景感受不太强烈，但这次，他真切感受到了自己的付出和贡献确确实实给当地居民带来了价值，丰富了利比亚人民的沟通和生活。他也找到了自己工作的意义。

管理学大师彼得·圣吉在《第五项修炼》中提出，人们寻求建立共同愿景的理由之一，就是他们内心渴望能够归属于一项重要的任务、事业或使命，是一种为了实现心底深处真正愿望的巨大而持久的力量。一个企业总是要有一点精神的，唯有精神的力量才会生生不息。而愿景能够发挥激励人、凝聚人和感召人的作用，这样企业存在的价值才能不断提升。

当前，企业团队如何激励员工工作积极性、接受公司愿景，已成为许多企业带头人头疼的问题。员工自觉主动、积极向上地去工作，这是企业管理者都希望看到的情景；然而事与愿违，企业管理者经常会发现一些员工在偷懒或消极被动地工作着。可是我们知道，对于员工工作的积极性，企事业单位管理者是无法提供原动力的，原动力只能来自员工自己。其实，古今中外，凡善于带兵打仗的军事将领，都善于把战争与官兵利益联系在一起，重视对他们的精神激励。因为，这些带兵者十分清楚，当他们把团队的利益"归一"、官兵们得到尊重的时候，一种向心力和合作感就会随之产生。

法国著名将军狄龙在回忆录中曾经讲过，在一次法军对外的激战中，狄龙率领第80步兵团进攻一个城堡时遭到了敌人的顽强抵抗，致使步兵团被敌人火力压得无法前行。情急之下，狄龙对其部下大声地喊道："谁能炸毁城堡谁就能得到1000法郎！"他满以为士兵们肯定会前仆后继，但却没有一位士兵冲向城堡。此状令狄龙很失望，他非常气愤地大声责骂部下"懦弱"，简直侮辱了法兰西民族的军威。这时，一位军官对狄龙说："长官，要是你不提悬赏，全体将士都会发起冲锋的！"狄龙听罢，当即发出了另一条命令："全体将士，为了法兰西，前进！"狄龙将军的话音刚落，整个步兵团从掩体里冲杀了出来，双方拼杀得异常惨烈。最后，全团1194名士兵只有90人生还。由此可见，祖国的利益与每一位官兵命运紧紧连在一起的时候，军人的尊严得到了尊重。用钱驱使他们作战，无异于奇耻大辱！

许多管理者讲的是如何提高公司的"经济效益"，员工对公司和个人发展目标（共同愿景）并不明确。年轻人有几个不琢磨自己的发展前途的啊？在公司苦干了几年，未见分晓，能不偷懒或者消极工作甚至跳槽吗？特别是那些亏损的企业，这种情况更为严重。所以，必须将员工的个人价值与公司发展的愿景捆到一起。只有把公司愿景与员工的工作意义相结合，他们的工作热情才能得到激发，公司团队发展也就自不待言了。

从竞争驱动到愿景驱动，管理者需要不断调整自身的管理风格，通过层层级级的愿景沟通与传递，给予员工作为组织一分子、共创价值的团队意识，让员工与公司、组织共同成长，实现双赢。

第三节 为下属的工作扫清障碍

现代管理学之父德鲁克先生在谈到管理的任务时曾告诫管理者——每个员工都希望有所成就。管理者需要使自己的工作卓有成效，就必须使员工拥有成就感。同样，管理者也需要使下属的工作卓有成效。而使下属工作卓有成效的关键之一就是要为下属的工作扫清障碍。每一位管理者在实施目标管理的时候都要好好想一想，我在与下属一起制定目标的时候，是不是询问了下属在执行目标的过程中有什么困难，我需要去帮助他们扫清什么样的工作障碍。

"为下属的工作扫清障碍"是德鲁克先生对于激励员工的一个基本观点，适用于所有的管理者，包括那些没有多少金钱去激励的管理者们。在与下属共同商定工作目标时，管理者们应该询问自己的下属："在你的工作中，有哪些障碍是妨碍你完成任务的？在你的工作中，你希望上司怎样来帮助你？"

华为在国际化市场拓展中，依靠本地员工快速切入了市场，迅速了解了当地法律法规、客户特点和文化习俗，节省了费用成本，提高了核心竞争力。本地员工为华为的发展做出了积极的贡献。

然而，随着海外市场的拓展，本地员工与中方员工的矛盾也凸现出来，首先是文化的"摩擦"。

中东北非地区部在发展进程中，也出现过这种中外员工文化上的摩擦：一位中方员工与本地外籍员工开玩笑时，他拍了一下对方的臀部，这在中国，没人会介意；但在穆斯林地区，情况就不同了，那里的习俗是男人的身体不能触摸。

中方员工的行为引起本地员工的投诉，一些本地员工甚至集体到人力资源部投诉，认为这位中方员工有"同性恋倾向"，要求当地人力资源部门立即开除他，否则他们将可能集体离开华为。

华为中东北非地区部人力资源部袁部长以为，这件事纯属双方员工因不了解对方文化、习俗而引起，中方员工的行为较随便，但绝非什么"同性恋倾向"。如何化解双方的冲突呢？

他先是与双方沟通，让大家了解各国不同的文化习俗，取得本地方的谅解，并要求中方员工主动向对方道歉，然后采取冷处理的方式，让中方员工到另外一个办公地点工作，以暂时的回避来缓解矛盾。同时，以此为契机，组织中方员工培训"伊斯兰文化"，并制作光碟发放给代表处培训学习，要求中方员工尊重并了解当地的文化、宗教、习俗，了解当地的法律法规。最重要的是，他认为规范化的国际大公司形象要从制度、流程开始建立。

通过跨文化培训和制度流程规范建设，中方员工的言谈举止更加职业化了，不像以前那么随意，本地员工与中方员工的关系也更加和谐友好了。

"为下属的工作扫清障碍"的方法还包括使公司保持较快的增长速度。任正非在文章《华为的红旗到底能打多久》中这样写道："我们通过保持较快的增长速度，给员工提供了发展的机会；公司利润的增长，给员工提供了合理的报酬，这就吸引了众多的优秀人才加盟到我们公司来，然后才能实现资源的最佳配置。只有保持合理的增长速度，才能永葆活力。"

第四节 给火车头加满油

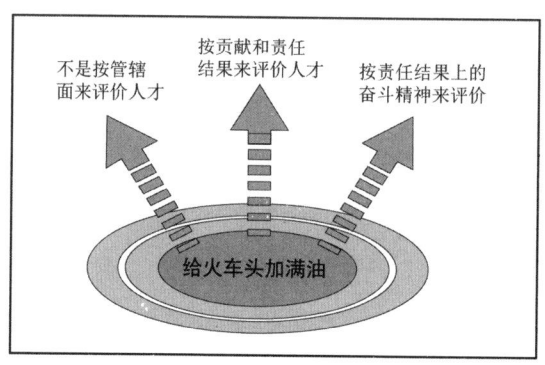

不是按管辖
面来评价人才

按贡献和责任
结果来评价人才

按责任结果上的
奋斗精神来评价

给火车头加满油

图 1.5 公司的价值评价导向

"给火车头加满油"意喻：要按价值贡献，拉升人才之间的差距，让列车做功更多、跑得更快。不能按管辖面来评价人才的待遇体系，一定要按贡献和责任结果，以及他们在此基础上的奋斗精神。这充分体现了华为公司的价值评价和价值分配的导向：向优秀的奋斗者倾斜，给火车头加满油，让千里马跑起来，让奋斗者分享胜利的果实，让惰怠者感受到末位淘汰的压力。

任正非说：

> 有成效的奋斗者是公司事业的中坚，是我们前进路上的火车头、千里马。我们要让火车头、千里马跑起来，促进对后面队伍的影响；我们要使公司 15 万优秀员工组成的队伍生机勃勃，意气风发，你追我赶。

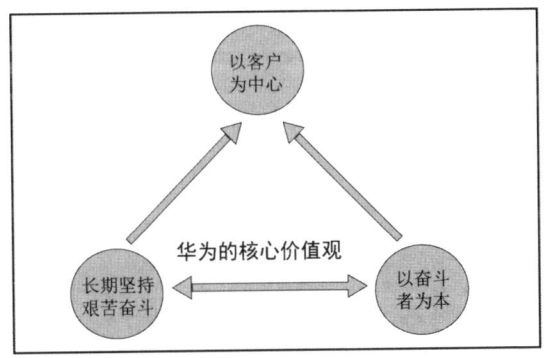

图 1.6 华为的核心价值观

华为的核心价值观是"以客户为中心，以奋斗者为本，长期坚持艰苦奋斗"。而在实践过程中是如何落地的？

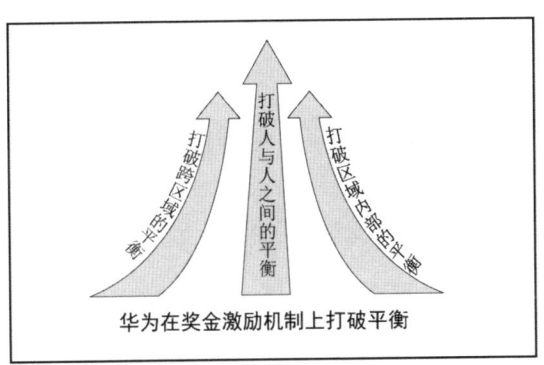

图 1.7 华为在奖金激励机制上打破平衡

2009 年，EMT（经营高管团队）纪要会议给出了答案："继续对奖金进行优化，率先在奖金激励机制上打破平衡：一是打破跨区域的平衡，二是打破区域内部的平衡，三是打破人与人之间的平衡。如果看到哪里奖金很平均，那这个干部就该换了，做不到奖勤罚懒，结果就是好的全走光了，差的全挤在那儿。今年公司明确了有 5% 的人员奖金为零，哪个大部门定不出这 5% 的人，那个部门的奖金就不能启动发放——当然这是指大部门而言，小部门不要这样僵硬。但在任职资格和人岗匹配上还是强调要跨区域保持平衡,因为人员总是要流动的。"同时,老员工待遇好,对新员工就是一个活生生的奋斗目标。

华为以奋斗者为本。华为内部文章中有这样一段话:"我只抓前头那批人,后面的我根本不管。只要前头这批人是冲锋的,对他们的激励到位了,剩下的人就前仆后继去跟上,我们就会越打越强,越战越强,我们怎么会输掉呢?我强调必须往前。人力资源体系就是要做到如何导向队伍去奋斗。……我们应让一线作战部队的升职升薪速度,快于一线作战平台;要使一线作战平台的升职升薪速度,快过二线管理平台。我们率先推行一线作战平台,统一奖金评定,继而统一薪酬评价,从而使所有人为成功努力。"

可以看出,华为除了善于利用工资激励员工之外,还善于利用奖金激励。奖金激励还需要注意的是,"对奖金的考核不能像岗位考核那么复杂,否则奖金的导向就不鲜明。员工干好了一件事、做好了一个项目,我们给个项目奖就完了,也没有说他一定能当团长。如果说因为他以后不能当团长,所以他做好了项目也什么都不给他,我认为这不是一个好的激励机制。"任正非如是说。

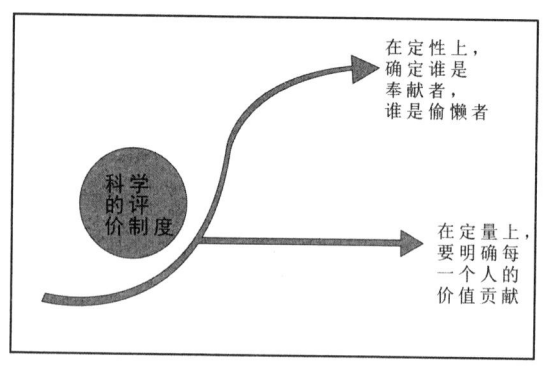

图 1.8 科学的评价制度

对全体员工的激励与约束体系,为企业提供了持续不断的内部动力。企业必须通过科学的评价制度，在定性上，确定谁是奉献者，谁是偷懒者；在定量上，要明确每一个人的价值贡献。其中的关键是由人评价人转向用制度评价人。企业必须通过公正的分配制度，给予不同价值贡献者以不同的回报，并通过回报体系的设计，激励员工的价值创造行为。

"效益优先、兼顾公平是市场经济的特点，倒过来公平优先、兼顾效益，这个社会就要垮掉了，因为没有火车头了。社会要富裕，它必须要有火车头拉着跑。火车头拉的时候，就要有动力，这个动力就是差异。"任正非如是说。

实际上，华为倡导效益分配逐渐向优秀员工倾斜，是通过差异化策略来实现的，例如贡献突出的拿得多，反之则拿得少；还有就是利用绩效考核拉大员工之间的差距，给予高绩效人员更高的报酬和待遇。

2013 年，任正非和广州代表处高管座谈时这样说道：

> 我们过去的薪酬制度是比较平衡的，那些聪明的人就跑了。那为什么我们成功呢？我们这十五万人都从一个孔流出去，这个水很厉害，就征服了客户，给了我们很多机会，而我们现在的改革则是让公司的优秀分子发挥作用，就是要拉开差距。水是自动从高处流到低处的，我们现在要把大家的能力发挥出来，我们就要把水从低处抽到高处去，再用水泵"啪啪啪"把水扬到高处去，发挥更大的作用。现在我们的考核机制就要开始改变，开始加大奖金的差距，尤其是在一线、在基层。工资体系还是太难改，盲目改就会出现很大的问题，所以我们先从奖金改起，大家已经明显感到干得好的人奖得多，优秀的人就觉得不用走了，那我们的优秀分子就增多了。

这种差异化的策略激活了内部竞争，好的更好，坏的得到清理；同时，也体现了公平的原则，优秀的员工通过努力，不断实现自我价值，使懒人、庸人无机可乘。

华为曾给一个项目组奖金600万。从艰苦地区和重大项目中提拔有成功实践经验的干部是公司一贯的干部选拔导向。2012年10月埃塞俄比亚电信网络扩容项目LOT1中华为中标50%市场份额，并大规模进入首都价值区域，大规模搬迁现网设备，一举扭转了该国市场格局。经总裁批准，特对北非地区部、公司重大项目部、埃塞俄比亚代表处及相关项目组颁发总裁嘉奖令，予以通报表彰。同时，给予项目组600万元的项目奖励，并对在此项目中做出突出贡献的关键成员予以晋升，以资鼓励。

华为公司在对员工进行绩效考核上采取定期考察、实时更新员工工资的措施，员工不需要担心自己的努力没有被管理层发现，只要努力工作就行。华为的这种措施保证了科研人员相对单纯的竞争环境，有利于员工的发展。

在保持绩效考核合理性的同时，为了减少或防止办公室政治，华为公司对领导的考察也从三维角度进行，即领导个人业绩、上级领导的看法以及领导与同级和下级员工的关系。领导正式上任前要通过六个月的员工考核，业绩好只代表工资高，并不意味着会被提升。这样的领导晋升机制从道德角度和利益角度约束了领导的个人权利，更加体现了对下级员工意见的尊重。

华为一直注重分配体系向奋斗者、贡献者倾斜。在华为电邮文号［2011］16号《从"哲学"到实践》的文章中这样记述："公司的价值分配体系要向奋斗者、贡献者倾斜，给火车头加满油。我们还是要敢于打破过去的陈规陋习，敢于向优秀的奋斗者、有成功实践者、有贡献者倾斜。在高绩效中去寻找有使命感的人，如果他确实有能力，就让他小步快跑。差距是动力，没有温差就没有风，没有水位差就没有流水。我主张激励优秀员工，下一步我们效益提升就是给火车头加把油，让火车头拼命拉车，始终保持奋斗热情。"

为了保证公司内部管理公平，并持续保持激活状态，2006 年来华为推行"以岗定级、以级定薪、人岗匹配，易岗易薪"的薪酬制度改革，根据岗位责任和贡献产出，确定每个岗位的工资级别；员工匹配上岗，获得相应的工资待遇；员工岗位调整了，工资待遇随之调整。华为人力资源委员会认为，这次改革受益最大的，是那些有奋斗精神、勇于承担责任、冲锋在前并做出贡献的员工；受鞭策的，是那些安于现状、不思进取、躺在功劳簿上睡大觉的员工。"老员工如果懈怠了、不努力奋斗了，其岗位会被调整下来，待遇也调整下来。"

2008 年，任正非在市场部年中大会上这样说道："企业的目的十分明确，就是使自己具有竞争力，能赢得客户的信任，在市场上能存活下来。要为客户服好务，就要选拔优秀的员工，而且这些优秀员工必须要奋斗。要使奋斗可以持续发展，必须使奋斗者得到合理的回报，并保持长期的健康。"

华为在报酬方面从不羞羞答答或遮遮掩掩，而是公开、坚决向优秀员工倾斜。

华为早期曾用 4 万元的年薪聘请了一位从事芯片研发的工程师。这位工程师来到华为以后，为华为攻破了一道道难关，他为华为做出的贡献远远高于 4 万元。公司也看在眼里，不久就给他加薪，并且一次性将他的年薪涨到 50 万元。

对于这件事，任正非说："拿下狮子周围那些领地来，会有你们各自的份额。"可见，华为坚决向优秀员工倾斜的决心和力度。这刺激了员工不断前进的欲望。更重要的是，很多本来优秀的员工也愿意付出更多的热情、心血和努力投入到公司的发展浪潮中，与企业共存亡。

为了完善分配体系，让优秀员工得到合理的回报，华为还研究了很多国外先进的管理模式，并把它们引入管理中来。任正非要求华为大胆尝试，大胆改革。

任正非：关于激励

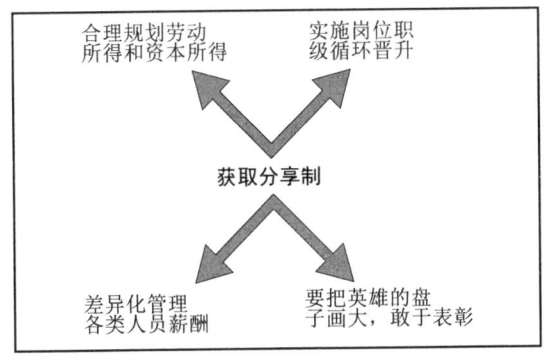

图 1.9 获取分享制：公司价值分配的基本理念

关于激励："获取分享制"应成为公司价值分配的基本理念，敢于开展非物质表彰，导向冲锋，激发员工活力，公司才会持续发展。

1.社会保障机制是基础，上面的"获取分享制"是一个个的发动机，合理规划劳动所得和资本所得，导向冲锋，公司就一定会持续发展。

我提出四个假设，你们来看是否正确。第一个假设：流程组织优化，在五年内是否会逐渐有进步？进步的标志就是人员减少，工作效率提高，利润增加。第二个假设：针尖战略是否将增加我们定价和议价的能力？第三个假设：3～5年内，有的竞争对手在衰退，我们的商业生态环境是否在改变？第四个假设：现在人力资源改革产生的动力，特别是分享机制形成以后，会不会提高生产力？如果这四个假设成立，意味着利润会增加，我们可分配薪酬包也就增加了。股东、劳动者收益分配要有合理比例。未来为华为创造价值，要承认资本的力量，但更主要是靠劳动者的力量，特别在互联网时代，年轻人的作战能力提升很迅速。有了合理的资本/劳动分配比例、劳动者创造新价值这几点，那么分钱的方法就出来了，也敢于涨工资。这样人力资源改革的胆子就大一些，底气就足一些。

所有细胞都被激活，这个人就不会衰落。拿什么激活？血液就是薪酬制度。社会保障机制是基础，上面的获取分享制是一个个的发动机，两者确保以后，公司一定会持续发展。"先有鸡，才有蛋"，这就是我们的假设。因为我们对未来有信心，所以我们敢于先给予，再让他去创造价值。只要我们的激励是导向冲锋，将来一定会越来越厉害。

2. 逐步实施岗位职级循环晋升，激发各单位争当先进的积极性。

第一，我们实际已有的薪酬标准就不要改变了，动的是个人职级。第二，以岗定级不能僵化。以后有少部分优秀人员，没岗位但允许有个人职级，主要看重这些人有使命感、创造力。如果脱岗定级的问题现在找不到合适方法来操作，就把优秀人员的岗位职级先调整了，然后他自己再去人岗匹配，程序还是不变，这个机制可以叫做"岗位职级循环晋升"。如原来20级的组织，其中做得优秀的那30%可以转到21级，每三年转一圈，做得好的才动。每年拿30%优秀部门来评价，如果明年这个岗位还在先进名单里，就更先进了，还要涨。落后的没涨，就会去争先进，争先进的最后结果就是，我们把钞票发出去了，而且主要发给优秀单位。实行全球P50标准工资的人员范围应该还要向下覆盖。当公司出现危机时，不是一两百人就能够救公司的。具体如何操作，扩大到多大规模，我不知道。

3. 差异化管理各类人员薪酬，激发员工的活力。

特殊专业人群可以采用特殊方式的用工和激励方式，如厨师可以拿提成，多劳多得，抢着出单，才能促进服务质量的提高；法务、翻译等人群，可保留和激励自己的骨干作战队伍，也可以临时用社会上的资源，比如同声翻译，短期雇佣一次，表面上看起来会花不少钱，实际使用起来的总成本还是降低了；文字翻译，只要能及时交付翻译稿件，也可以在家里上班。建立这样的社会平台组织，我们自己的组织就缩小了。

海外薪酬福利管理要简单化，逐步走向西方的市场化管理。已经实行全球 P50 高工资的人，很多补贴要取消，要建立一个制约措施，不能让大家比赛浪费，过多的补贴不一定让战斗力增强，可能还是惰怠的，不是激励性的。若大家不愿意去利比亚、伊拉克等地区，可以提高特有的激励待遇体系，这是激励措施不是补贴。以前我们为了阿富汗能去 18 个人，采取各种全球化的限制方案，把整个组织都压得喘不过气来，现在的做法就是用阿富汗、伊拉克或新疆等地区的特有激励方案牵引大家去，别的体系则正常运作。

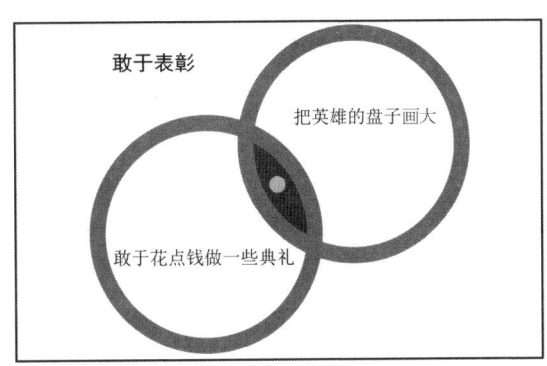

图 1.10 敢于表彰员工

4.非物质激励就是要把英雄的盘子画大，敢于表彰，促使员工的长期自我激励。

第一，非物质激励就是要把英雄的盘了画大，毛泽东说"遍地英雄下夕烟"。现在我们要把英雄先进比例保持 60% ~ 70%，剩下

30%～40%，每年末位淘汰，走掉一部分。这样逼着大家前进。第二，敢于花点钱做一些典礼，颁奖典礼上的精神激励，一定会有人记住的，这就是对他的长期自我激励。美军海军学院的毕业典礼很独特，在方尖塔上涂满猪油，让大家爬这个塔，大家一层层地攻，欢庆这个典礼。华为大学也要构思一个华为自己的典礼形式，不要总是扔帽子。

德鲁克：员工满意度是个毫无意义的概念！

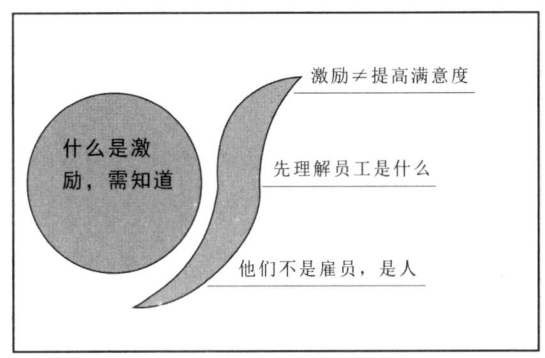

图 1.11 什么是激励

谈到激励，你会想到什么？

马斯洛的需求层次理论？赫兹伯格的双因素理论？亚当斯的公平理论？弗鲁姆的期望理论……太多的理论像一座座高山横在了我们面前，当我们掌握了所有的激励理论之后，是否有助于我们做出最有动力的激励呢？

激励 ≠ 提高满意度

在德鲁克学院每次授课前的调研中，数据库里总有一条被勾选最多的选项："组织中的核心人才，我希望找到有效的激励和领导的方法"。当被询问到为什么选择这条时，学员们给出的答案是相似的："我是一名经理，但我两手空空，没有'胡萝卜'（金钱/晋升），也没有'大棒'（行政解雇权），你让我怎么去激励员工呢？"

管理者所面临的窘境是：他们很想给员工激励，却苦于缺少"胡萝卜"和"大棒"。但管理者所不了解的真相是："胡萝卜"与"大棒"其实并不能有效激励员工。

典型的传统激励理论本质上关注"需求"，强调根据员工不同的需求而采取不同的激励，通过满足员工的"需求"而增加员工的"满意度"。而事实上，不满意可能是无法从工作中获得满足，也可能是因为他想要有所长进和改善，想要完成更大更好的任务。这种对现状的不满意，恰恰是激发他工作动力的积极因素，而不是阻碍因素。因此，著名管理学大师彼得·德鲁克先生认为所谓"员工满意度"这个概念"可以说毫无意义"。

先理解员工是什么！

根据德鲁克先生的观点，在理解如何激励员工前，先需要深刻理解一个最基本的问题：即，员工是什么？

"员工当然是我们最大的资产"，很多公司都会把这句时髦的话挂在嘴边。但大多数企业不过是嘴上说说而已。"9·11"第二天全美飞机都被迫停飞，航线不知道何时才能重新投入运营，投入运营后会是什么情况也没有人知道，前所未有的灾难严重威胁到整个行业的生存。全美国的航空公司迅速裁员近10万人，为的是减少成本，渡过难关。这样的事情在其他企业中也屡见不鲜，裁员成了公司应对严重危机的拿手好戏。

尽管管理者们在口头上也喊"员工是企业的最大资产"，但同时却在用裁员的实际行动表明：在他们眼中，员工只不过是企业赚钱的工具，是一种"成本"而非"资产"。因此在公司面临窘境需要降低成本的时候，往往会第一时间产生裁员的念头。只有那些将员工真正视为"资产"的企业，才会在困境中做出另一种抉择。美国西南航空公司在"9·11"事件中也没有幸免，一度每天亏损三四百万美元，但该公司并没有把自己的员工看作成本，也没有打裁员的主意。"我们历史上从来不裁一个员工。虽然现在无法告诉大家未来会怎样，但是我们会尽可能地避免裁员。"西南航空坚持不裁员的决定感动了公司员工，激发了员工与公司共渡难关的决心。他们更加努力地工作，提出了许多降低成本的建议，与公司荣辱与共。为帮助公司渡过难关，有的员工将自己的红利甚至部分工资捐给公司，还有的员工在联邦退税支票上签字将钱转到公司名下。

2001 年后，在美国各大航空公司大量裁员时，却有 16 万人申请到西南航空公司工作。而西南航空公司不仅在危机中延续了自己成立以来一直盈利的神话，更用两年时间就夺下了那些削减航班和服务的竞争对手的市场份额。西南航空公司不仅是美国唯一的一家在过去 40 年来从未裁员、强制休假或削减薪资福利的航空公司，更创造了美国全行业个人生产率的最高纪录。

他们不是雇员，是人！

德鲁克先生曾在《他们不是雇员，他们是人》一文中提到："对于任何组织而言，伟大的关键在于寻找人的潜能并花时间开发潜能。如果失去了对人的尊重，这里的'开发潜能'很可能被理解成仅仅为了组织的绩效而把人视为使用的工具。只有恢复对人的尊重，才可能真正把人的才能释放出来。"

万豪国际集团是全球首屈一指的国际酒店管理公司之一，曾连续 11 年被《财富》杂志列入"100 家最佳雇主"排行榜。万豪国际集团的董事长兼 CEO 比尔·马里奥特继承了父亲的名字也继承了父亲的公司，但其成就却远远超过了父亲。小马里奥特一再强调的核心经营信念是："人是我们最重要的资产，这是我们不可动摇的信念。"

在万豪集团，公司把"员工"称为"伙伴"（associate），而不是"雇员"（employee）。在这种"伙伴"观念的指导下，万豪制定了许多具体的规定。比如，小马里奥特的父亲常常坐在大厅的沙发上，听员工谈论他们的私人问题，并且协助他们解决问题。这种关心员工的做法至今仍然深植公司之中。小马里奥特定下大家互助的规定，其中有一条是，员工可以将累积未用的休假时间捐给生病需要请假的同事。

万豪把员工看作是公司的"合作伙伴"，看作是公司的"资产"，因而对员工实行了一系列人性化的管理。创造为我们的伙伴成长和个人发展的环境；营造家庭般的氛围以及友好的工作关系；不论是小时工，还是正式员工，公司都认可他们的重要贡献并给予报酬。

尽管万豪的员工并不完全是现代意义上的知识工作者，但是，就像德鲁克先生指出的那样，不论是体力劳动者，还是知识工作者，企业都必须把他们看作是公司的"资产"，而不是"成本"。

（本文摘编自《德鲁克：员工满意度是个毫无意义的概念》，作者：张焱，来源：商学院，2014）

 上篇

基础激励

在工作中，由于一些基础因素不能达到我们的预期，我们会感到不满。这里所说的基础因素包括地位、薪水、安全保障、工作条件、公司政策等，这些都很重要。

基础因素不好就会给人带来不满，所以你必须解决不良的基础因素。解决了基础因素，如有安全舒适的工作环境，与上司和同事的关系融洽，有足够的钱照顾家庭，你就会对工作感到基本满意。

第一章
薪酬激励：最有效的激励利器

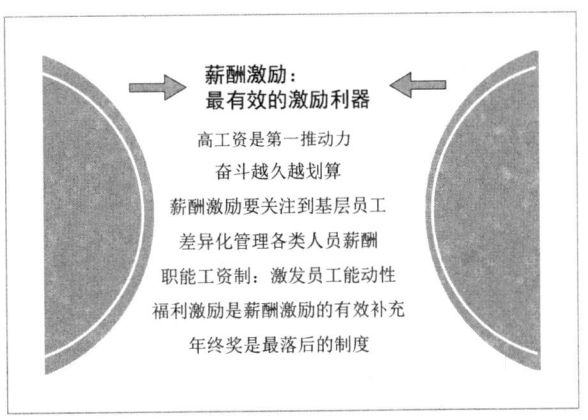

薪酬体系作为保护和提高员工工作热情的最有效的激励手段，是现代企业管理制度中不可或缺的一部分。

第一节　高工资是第一推动力

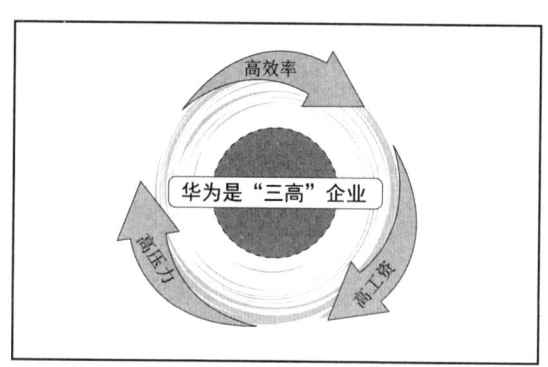

图 2.1　华为是"三高"企业

坂田基地的华为企业展厅前，有一个硕大的电子屏幕。屏幕上滚动播放着一些华为员工的工作镜头。

华为员工遍布世界各地，视频中有一个感人画面出现在 2012 年日本福岛地震期间。彼时，因为核电站发生核泄漏，当地居民已经纷纷离开福岛，而华为在日本的员工却要在穿戴防辐射装备后，前往福岛整修通信设备。

事实上，战争、天灾等残酷时刻，往往是华为人辛苦工作的时刻，因为这个时期各地的通信设备往往需要抢修。作为一家民营企业，华为之所以能够在二十多年里超越欧洲百年对手，很大程度是因为其对奋斗者精神的崇尚。

当然，付出和回报在这家企业是成正比的。"不让雷锋穿破袜子，不让焦裕禄累出肝病。"在高速的运转过程中，华为一直走"高薪"路线。

按任正非的说法，华为就是"高效率、高工资、高压力"的"三高"企业，"高工资是第一推动力"。

今天，知道"华为"这个名字的人很多，但细问起来，相信电信产业之外的人，九成以上以为华为是一家手机企业，华为被许许多多不了解它的人记住并传播的原因很简单，是"一家高薪企业"。

其实华为一开始就在实行全员高薪制度，只是现在华为更敢于这样做。1993年初，作为软件工程师进入华为的刘平，之前在上海交大当老师的工资是400多元一个月，这还是工作八年的硕士研究生的待遇。来到华为后，当年2月份的工资是1500元，比当时上海交大校长的工资还高，而且他2月份只上了一天班，结果拿到了半个月的工资！这让刘平大感意外，深受感动。第二个月涨至2600元，之后，令刘平激动的是，每个月工资都会上涨，1993年底他的工资已涨到6000元。这一年他的年薪为4.8万元（折合成2009年的购买力大致等于48万元的年薪）。华为之所以这样做，是因为任正非相信，企业可以高价买元器件，高价买机器，也可以高薪买人才。

后来《华为公司基本法》中有了这样一句话："华为公司保证在经济景气时期和事业发展良好的阶段，员工的人均收入高于区域行业相应的最高水平。"

一则流传较广的故事说，在华为的员工大会上，任正非提问："2000年后华为最大的问题是什么？"大家回答："不知道。"任正非幽默地告诉大家："是钱多得不知道如何花，你们家买房子的时候，客厅可以小一点、卧室可以小一点，但是阳台一定要大一点，还要买一个大耙子，天气好的时候，别忘了经常在阳台上晒钱，否则你的钱就全发霉了。"虽然带有明显的鼓动意味，但不可否认的是，华为员工普遍满意自己的薪水。

华为人力资源部门会定期向专业咨询公司购买外部薪酬市场数据，以此随时分析和审视华为薪酬标准的外部竞争力。其针对海外员工薪酬体系的制定，首先是尊重当地法律以及风俗习惯，其次便是必须结合华为本身的支付能力，以及"对内对外的公平性"。与当地主要同行企业比，华为的薪酬水平具有较高的吸引力。

　　华为公司董事、高级副总裁陈黎芳表示："加入华为第一年的'零花钱'是多少？当然根据本科和硕士，包括每个人的能力的不同，我们从 14 万到 17 万起薪，最高到每年 35 万人民币。除了五险一金这些基本保障以外，华为还会为每个员工购买商业保险和医疗救助。此外，无论在全球的哪个地方，华为的办公场所都选在当地最漂亮的地方。"

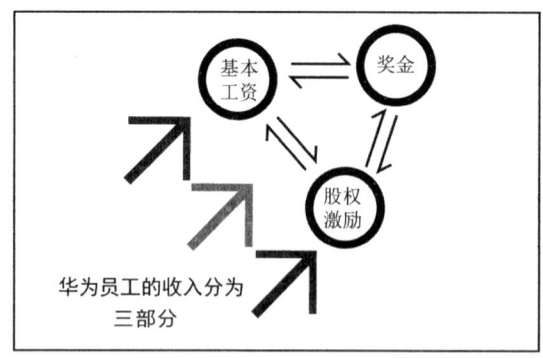

图 2.2 华为员工的收入构成

华为员工的收入分为基本工资、奖金和股权激励三部分，其中基本工资是按 12 个月每月进行发放。员工奖金支付根据员工个人所承担的工作责任、工作绩效及主要项目的完成情况而定，同时也会考虑总薪酬包的情况。华为人力资源部会定期对工资数据进行回顾，并根据回顾结果和公司业绩对员工薪酬进行相应调整，以保证该项计划能在市场竞争和成本方面保持平衡。

企业机制的关键在于，不能让雷锋吃亏，奉献者定当得到合理回报。为企业做出贡献的员工不吃亏，就会有更多的员工增加自己的投入，因为一个生机勃勃的企业机制，其基本的原理在于能够激励与回报那些为企业创造价值的员工。这就是有活力的机制与缺乏活力的机制的本质区别。从另一方面讲，扬善必须惩恶，企业在保证不让奉献者吃亏的同时，也不能让投机者获利，偷懒者必须受到应有的惩罚。用句通俗的话讲，就是使小人不得志，让好人不吃亏。

2011 年在宏观经济情况并不十分乐观的情况下，考虑到物价上涨等多重因素，华为仍实行了涨薪。2011 年上半年结合员工的绩效情况，华为对中基层员工的工资进行了调整，平均涨幅 11.4%，覆盖 4 万多名员工。华为此前也多次为员工涨薪，涨幅每年不同，但在 2002 年 IT 泡沫、企业倒闭潮期间例外。当年华为基层员工工资水平没有调整，而高层自愿申请降薪 10%。华为员工的总体收入在行业内是很有竞争力的。也由于这个原因，华为员工的流动率并不高，一直保持在 6% ~ 8%。

2013 年，华为宣布将首先投入超过 10 亿元人民币用于 13 ~ 14 级员工 2013 年的加薪，各部门平均涨幅在 25% ~ 30%。此外，从 2014 年应届生开始，本科毕业生起薪将从以往的 6500 元（一线城市税前）上调至 9000 元以上；硕士毕业生起薪将从 8000 元（一线城市税前）上调至 10000 元以上。

在华为看来，13 ~ 14 级的基层员工群体是公司各项业务的主要执行者，他们思想新、冲劲足、富有活力和热情，是公司未来的管理者和专家之源。应届生刚进华为的薪酬级别均为 13 级，此次加薪是为进一步吸引和保留优秀人才，特别是中基层人才，增加刚性即确定性的工资收入。

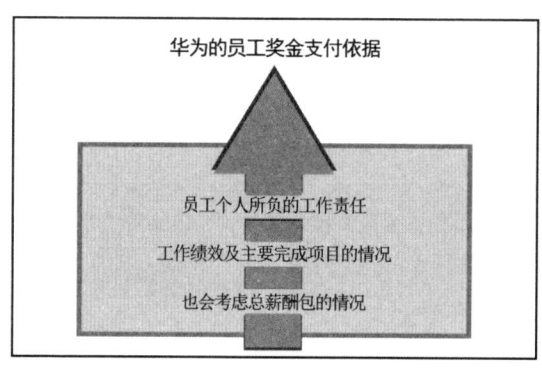

图 2.3 华为员工奖金支付依据

华为每年都会根据公司业绩普调员工薪水，调整幅度一般在10%左右。

实际上，华为高层已认识到虚拟股对基层员工吸引力逐年下降的情况。这也是2013年1月华为CFO孟晚舟宣布给员工奖金和分红达125亿元的背后原因。

除此之外，华为从2013年三季度开始将基层员工起薪上调40%～50%，研究生起薪从7000、8000元人民币上调至10000元，本科生起薪从6000元上调至9000元。同时中层员工每年末位淘汰5%，基层员工末位淘汰10%，开始实施新的"胡萝卜加大棒"策略。

任正非说："我不眼红年轻人拿高工资，贡献很大才能拿到这么高的工资，我们还要进一步推行这种新的薪酬改革。前二十几年我们已经熬过了不平坦的道路，走上新道路时，就要有新条件。三个人拿四个人的钱，干五个人的活，就是我们未来的期望。这样改变以后，华为将一枝独秀。"

说白了，就是给能干活的人多一些钱，激励他们干更多的活。华为也不宣传让大家都去做雷锋、焦裕禄，但对奉献者公司一定给予合理回报，这样才会有更多的人为公司做出奉献。这既是核心价值观，也是华为的基本价值分配政策。

1996 年，华为内部文章《华为发展的几个特点》中有这样一段表述："公司奉行决不让'雷锋'吃亏的源远流长的政策，坚持以物质文明巩固精神文明，促进千百个'雷锋'不断成长，使爱祖国、爱人民、爱公司、爱自己的亲人与朋友的一代新风在华为蔚然成风。"

同时任正非也在其文章《华为的红旗到底能打多久》中补充道："公司努力探索企业按生产要素分配的内部动力机制，使创造财富与分配财富合理化，以产生共同的更大的动力。我们决不让'雷锋'吃亏，奉献者定当得到合理的回报。这种矛盾是对立的，我们不能把矛盾的对立绝对化。我们是把矛盾的对立转化为合作协调，变矛盾为动力。"

2005 年，华为内部文件《关于人力资源管理变革的指导意见》中明确指出："我们已明确员工在公司改变命运的途径有两个：一是奋斗，二是贡献。员工个人奋斗可以是无私的，而企业不应让雷锋吃亏。"

如何分辨你是老板级的员工还是打工仔级的员工？在华为，从你的薪资账户就能看得清楚。

"我们不像一般领薪水的打工仔，公司营运好不好，到了年底我们会感同身受，"2002 年从日本最大电信商 NTT DoCoMo 跳槽加入华为 LTE TDD 产品线的副总裁邱恒说，"你拼命的程度，直接反映在薪资收入上。"

以他自己为例，2009 年因为遭遇金融海啸，整体环境不佳，公司成长幅度不如以往，他的底薪不变，但分红跟着缩水。隔年，华为的净利创下历史新高，他的分红就超过前一年的一倍。

这等于是把公司的利益与员工的个人利益紧紧绑在一起。在华为，一个外派非洲的基础工程师如果能帮公司服务好客户，争取到一张订单，年终获得的配股额度、股利，以及年终奖金总额，会比一个坐在办公室、但绩效未达标的高级主管还要高。

管理大师德鲁克反对过分依赖金钱因素来激励员工。他说："如果物质奖励只在大幅提高的情况下才产生激励的效果，那么采用物质奖励就会适得其反。物质奖励的大幅增加虽然可以获得所期待的激励效果，但付出的代价实在太大，以至于超过了激励所带来的回报。"

图 2.4　金钱激励的弊端

事实上，如果使用不当，金钱激励不仅不能起到积极作用，还会带来以下各种弊端。

首先，企业员工的薪资越高，分摊在单位产品上的成本就会越高，从而导致企业产品比市场上的同类产品价格高。在价格竞争异常激烈的今天，企业产品的竞争力必然下降，产品销售情况势必因此受到影响。

其次，现代企业报酬已经超越了工业文明时期"出多少力，给多少钱"的计件工资式的分配内涵。工作绩效主要取决于员工对企业的忠诚度，事实证明，高薪并不能买到人才的忠诚和对事业有所成就的渴求。相反，为人才提供过多的报酬反而会产生一定的负面效果，甚至形成恶性循环。

再者，心理学研究表明，低薪或适宜的工资水平有利于员工继续争取更高的报酬或晋升，从而激发员工的工作热情和创造欲望，相反高薪则容易使员工对企业产生过分的依赖和优越感，进而淡化了人才的进取本能。

最后，需求越是接近满足，产生同样满足感所需要的金钱数目就越大。根据边际收益递减法则，当报酬提高到一定程度时，就会失去其作为激励因素的价值。

由此可见，金钱激励的同时，还需要其他的方式来激励。

第二节　奋斗越久越划算

华为的核心价值观中有"以奋斗者为本"。什么叫奋斗者为本？就是华为的劳动和资本的分享。劳动部分，即雇员收入增长大于华为的资本分享，也就是利润部分，而且这个利润的分享，不是少数人分享，是现在的 96000 多名合伙人一同分享。

根据统计，华为员工的收入在第一、二年的时候，跟行业平均水平相比，领先程度并不明显，但是到第三年以后，奖金和长期激励部分的优势就会越来越明显，特别是长期激励部分。如果有机会到海外去工作的话，员工还会得到非常多的补助，收入会有大幅增长。华为内部常讲，奋斗越久越划算，工资变成零花钱。

华为的长期激励中很大一部分是股权激励。华为所推行的员工持股制是华为公司价值分配体制中最核心、最有激励作用的制度。在股权上实行员工持股，但要向有才能和责任心的人倾斜，以利益形成中坚力量。华为的员工普遍拥有持有公司股份的机会。每一个年度，员工可根据公司对其评定的结果，认购一定数量的公司股份。

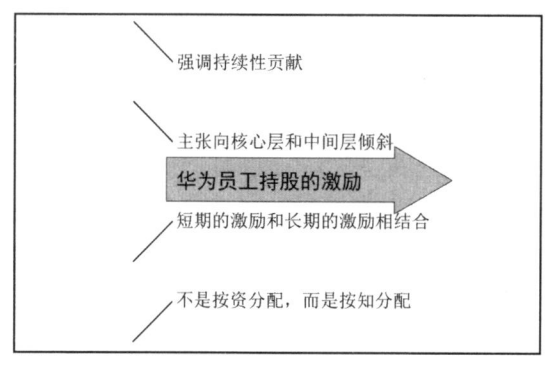

图 2.5 华为公司的股权分配方法

通过股权的安排，最有能力和责任心的人成为公司剩余价值的索取者。知识被转化为资本，华为这个以知识为生存根本的公司从而获得了源源不绝的生命力。华为公司的股权分配强调持续性贡献，主张向核心层和中间层倾斜。员工持股的激励是短期和长期的激励相结合。华为股权的分配不是按资分配，而是按知分配，它解决的是知识劳动的回报，股权分配是将一部分知识回报转化为股权，从而转化为资本；股金解决的则是股权的收益问题，这样就从制度上初步实现了知识向资本的转化。

20 世纪 50 年代末 60 年代初，美国就业率下降，劳资关系紧张，为了改善这一不良情况，美国经济学家路易斯·凯尔索创造性地开出了一服济世药方——员工持股计划，以此来激励员工的积极性，使美国渡过了经济难关。

沃尔玛是世界上最大的零售业企业。究竟是什么使沃尔玛在短短的 30 年内打败业内的所有巨头，创造了世界零售业史上如此辉煌的奇迹？关键在于其独特的激励战略。

1971 年，沃尔玛实施了一项由全体员工参与的利润分享计划：每个在沃尔玛工作两年以上并且每年工作 1000 小时的员工都有资格分享公司当年利润。截至 20 世纪 90 年代，利润分享计划总额已约有 18 亿美元——这些都是属于沃尔玛公司"合伙人"的利益。此项计划使员工的工作热情空前高涨。

之后不久，沃尔玛创始人沃尔顿又推出了雇员购股计划，让员工通过工资扣除的方式，以低于市值 15% 的价格购买股票。这样 80% 以上的员工或参与利润分享计划，或直接持有公司股票。员工利益与公司利益休戚相关，实现了真正意义上的"合伙"。总之，合伙关系在沃尔玛公司内部处处体现出来，它使沃尔玛凝聚为一个整体，使所有的人都团结起来，为公司的发展壮大而不断努力。当管理者开始尝试把员工当成"合伙人"时，公司将能进一步发挥其巨大潜力，而且员工也会发现，随着公司状况的改善，他们的所得也在增加，这对员工和公司都是有益的。

作为一种捆绑式、利益互享式的薪酬体制，全员持股无疑是对员工长期激励的最好办法，尤其是对企业的中、高层管理者而言，这将起到不可低估的作用。因此全员持股越来越受到企业的推崇，很多学者将其形象地喻为"金手铐"薪酬管理。

华为公司几乎从一开始就实行了全员持股。但受限于当时的体制环境，直到 1997 年深圳市政府出台了《深圳市国有企业内部员工持股试点暂行规定》之后，华为才对外公开并随即进行改制。当时，华为决定进行全体职工内部持股计划，其目的也是为了解决资金紧张的问题。

在每个营业年度开始之前，华为公司有关部门都会按照员工在公司工作的年限、级别、业绩表现、劳动态度等指标确定符合条件的员工以及他们可以购买的股权份额（新员工工作满一年后才有资格购买），员工可以选择购买、套现或放弃。华为的这种内部股可以用奖金认购，也可从公司无息贷款购买。

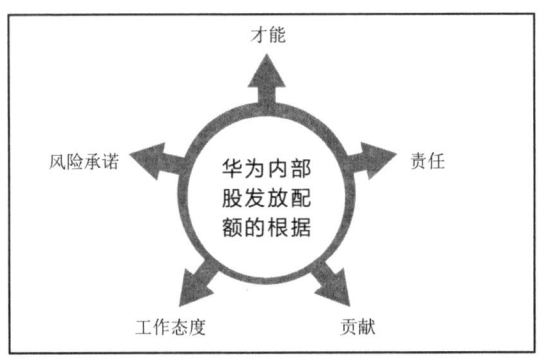

图 2.6 华为内部股发放配额的依据

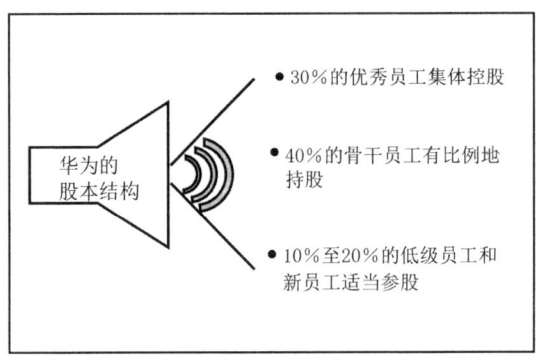

图 2.7 华为的股本结构

华为内部股的发放配额一般会根据"才能、责任、贡献、工作态度、风险承诺"等因素作动态调整，主要是为了能够充分体现"权力智慧化，知识资本化"的原则。在华为的股本结构中：30%的优秀员工集体控股，40%的骨干员工有比例地持股，10% ~ 20%的低级员工和新员工适当参股。员工所持股份配股在员工离开公司时可以随时套现。

在 2002 年以前，华为员工年终奖金发的不是现金而是股权。华为的员工就用相当于半年工资的奖金去买公司的股权。当然股权不是白买的，分红也很高，华为历史上最高的一次分红，每个员工都分得了相当于原始股票价格 70% 的红利。

举个例子来说：按照 70% 的分红率，当一名新员工在华为工作满一年后，公司给他配了 5 万股，到第二年年底，5 万股就变成了 8.5 万股，多出的这 3.5 万股就属于他的赢利。如果第二年他的表现出色，公司又给他配了 2 万股奖金，这样年底他就能得到 11 万股。

通过上述介绍我们不难发现，华为的这种员工内部持股制度不仅开了中国企业内部管理机制的先河，同时，在华为资金匮乏甚至出现经营困境的时候，员工持股极大地调动了华为人不屈不挠的韧劲。一方面，拿着公司大量股票的华为老员工为了能够保证自己的股票的利润，一定会安心为公司工作；另一方面，新来的员工为了能够尽可能多地分配到回报率极高的内部股，也会好好努力。华为的员工会产生一股强大的动力，齐心协力为公司的发展而努力。

汤圣平在华为做了 4 年人力资源工作，在他看来，"今天的社会，太多的有钱企业，太多的有钱企业家，在中国财富百强的企业名单前十位的企业中，有的连员工社会保险的钱都不肯交，这说明什么呢？任正非在华为的股份不到 5%，他愿意将财富分配给员工"。这体现了一种亲情观，也使员工愿意为任正非、为华为"卖命"。

美国人力资源管理协会中国首席代表冉毅波表示："全员持股的好处很明显：第一，它可以使员工利益和公司利益捆绑在一块；第二，它对于公司来讲通常可以获得税收上的优惠；第三，这样做往往能够避免一些恶意收购，增加现金流，扩大资本的收益来源。当然，它还是很好的吸引人才的办法。而劣势（也是目前争议比较大的问题）是，对高管监控不严。此外，假设股票市场波动比较大，或者公司产生亏空，这对于员工的退休会有很大影响。这一点目前在国外是最大的问题。"

全员持股在我国也不乏案例。联想集团在一次股权改革中，将中科院送的 35% 股份又一分为三：其中的 35% 分配给了公司创业时期有特殊贡献的员工，20% 以时间为限分配给了 1984 年以后较早进入公司的员工，45% 根据做出贡献的大小分配给以后有特殊贡献的员工，不但照顾了老同志，兼顾了企业未来的发展，更重要的是，这留住了"联想"的高水平人员。

事实上，我国的晋商也正是因为其在人力资源管理中的股权激励制度，才在我国企业历史上留下了精彩的一笔。慧聪总裁郭凡生在其著作《中国模式》中分析道："晋商的核心竞争力是财股与身股结合，身股为大的制度。这种制度留住了人，又保证了家族企业的有效传承。在晋商中有三类人：

第一，东家。东家是投资人，也施展能力，参与公司的重大决策，有点像现在的董事会。他们通过投资占有的股份称为'财股'，可继承转让，可分红（一般三至四年分一次红）；他们决定掌柜（总经理）的聘用和解职及其他重大事宜，如分红比例数等。

第二，掌柜。掌柜是投入能力的企业领导者，持有'身股'。身股可以享有和财股一样的分红权，但不可以继承转让，人一走茶就凉。但有的企业，身股可以养老。

第三，伙计。伙计是从学徒干起，一般四年满师，满师后可拿年薪。其中优秀者可以持有一定身股，有的被提升为掌柜。掌柜一般都是从学徒期满、为商号工作多年的伙计中提拔。"

 第三节　薪酬激励要关注到基层员工

　　金字塔不仅拉开顶端差距，还要重视金字塔的基座，把每一个角落的人都要关注到。从事基础性工作的员工应该有社会可比性的收入待遇，如果总是拉高顶端，容易产生内部矛盾。在华为公司不要形成两个对立的群体，所有人都要分享到公司的未来收益，我们一定要把这两方面都做好，才能形成新的战斗力，万众一心。比如，司机在机场等客人，一旦客人晚点，就要在机场外等几个小时，与其让他坐在车里开着空调，为什么不能同意他们去咖啡厅喝杯咖啡、吃点东西，这样汽油也节省了，他本人也有感觉。这种改善有利于巩固我们的队伍，也有利于优秀员工拿高工资。

　　我们一定要拔高优秀员工，但以前为了突出优秀员工，总是采取把其他人员压低的方式，这种思维方式也要转变过来，优秀员工要加大激励力度，基层员工也要获得社会可比的薪酬竞争力。

　　赫布·鲍姆，美国代尔公司（Dial Corporation）的前任董事长兼首席执行官曾说："处于公司最上层、挣钱最多的人往往会忘记底层的人生活多么艰难。如果领导者能使处于底层的员工感觉到他对自己的关心，整个公司都会受到鼓舞。

　　"我第一次担任首席执行官，是在总部设在宾夕法尼亚州小城石油城的魁克州立公司。在这座小城里，公司的员工过着很节俭的生活，挣的每1块美元对他们来说都很重要。我记得跟这些人在一起时，曾

听他们讲起即使买最基本的生活必需品——哪怕是孩子的鞋子——都要货比三家。听到这些后，我把公司分配的车退了。

"如今，公司最底层的员工要靠每年 2 万至 4.5 万美元的收入供养一家人。去年，他们应该得到的奖金约为 500 美元，而高层管理人员的奖金是他们的许多倍。所以我向董事会提出申请：我要求从自己的奖金中分给收入最低的 155 名员工每人 1000 美元。对我和大多数首席执行官而言，1000 美元不值一提，但对于要供养孩子上学或负担父母医药费的人来说，这是很有帮助的一大笔钱。

"如果你克制自己对金钱的欲望，而且员工们看到这一点，他们就会对公司非常忠诚，工作将非常努力。目前，公司的人员自然缩减率降到了 11 年来的最低点，由于每个人都对工作感到满意，我们将迎来又一个好年景。"

阿里巴巴集团创始人马云表示："许多人认为专家很重要，认为中层管理很重要，但是他们忘了把士气丢给普通的员工。普通员工更看重的是：我要买车，我要买房，我要结婚生子。我们家保姆，我给他 1200，杭州市场 800 元。她做得很开心，因为她觉得得到了尊重。你对广大员工增加一些（工资），那么士气会大增。所谓士气，是让大部分员工得到满足。所以要让自己的员工得到满足，然后提升企业文化，你的企业就有希望了。"

第四节　职能工资制：激发员工能动性

大家都知道，自古以来，军营生活是最为艰苦、严格、寂寞的，那么如何保持军人的战斗热情？一位军事家曾一语道破天机：让军队保持战斗力的一个秘诀是逐步晋级，永不停顿。等级的细分，晋级的持续，能使人不断获得成就感，在较长的周期内保持人的积极性。从管理心理学上讲，就是把握好激励的节奏，循序渐进。否则，同样的激励投入，效果却会大打折扣。

譬如一个工程师随着相关经验的不断积累，渐进地获得岗位和收入上的升级，冷板凳被逐步加高加热，这样有利于调动和保持他的积极性，也就是部队军衔划分细密的奥妙。如果晋级太快，一下子用光了激励资源，反而不利于人员的长期稳定与发展。假设一个军人刚入伍就因为立功被提升为大校，这样在短期内确实大大调动其积极性，但过一段时间他就习以为常了。而想晋升少将，又因为将级岗位数量严格控制，极其困难。这样长时间看不到晋升希望，尽管板凳比较高，但依然感觉很冷，因为没有热源了。于是他慢慢失去动力，要么熬下去，要么走出去。

对于这种情况管理者应该是有所体会的：一位工程师，因为表现突出一点，加上项目需要，很快被提升为项目经理；但因为能力经验不具备岗位要求，或更高岗位数量有限，于是接下来长时间没有变化。结果有的老员工感觉"没有前途"，耐不住"冷板凳"的寂寞而离开。这样我们只好不断地把希望寄托在新人身上，于是老毛病又"从新"出现。那么该如何做？

华为的解决办法就是职能工资制。华为公司一方面利用高工资进行短期的物质激励，另一方面注重长期的物质激励。华为的工资分配是基于能力的职能工资制。员工的工资不仅与其业绩挂钩，还与其工作态度、责任心和能力挂钩。这使员工受到长期的激励，促使员工在做好分内工作的同时，还努力寻求自己能力的成长。

职能工资制最能发挥员工的能动性和创造性。只要能够施展自己的才华，每时、每刻、每个岗位、每条流程都能够成为员工发挥自己能力的舞台，这样的制度叫做全员接班制，从而为所有有能力的员工提供了一个可以发挥自己才能的宽松环境。

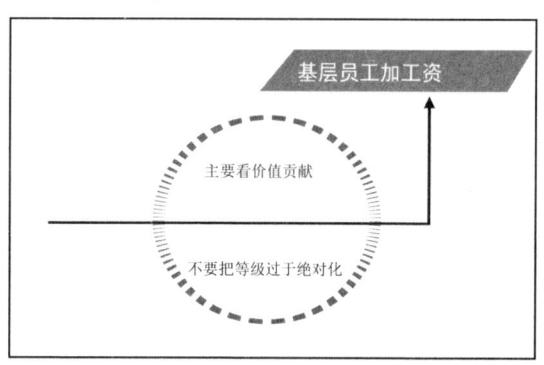

图 2.8　调整基层员工工资的标准

2012 年，任正非在基层作业员工绝对考核试点汇报会上这样说道："基层员工加工资，主要看价值贡献，不要把等级过于绝对化。基于价值贡献，小步快跑，多劳多得。我们以绝对考核为基础来调整工资。这样就使得这个评级简单化了，而且量化、公开化，基层员工就看到了希望。"

2009 年，任正非在文章《人力资源体系要导向冲锋，不能教条和僵化》中这样写道：

我们首先要把岗位搞清楚，把岗位的重量搞清楚，让每个岗位在公司都有增值空间。岗位的重量是不断变化的，不是永恒不变的。当岗位不规范的时候，可能要求的干部级别职级高；当岗位规范后，"扳道岔"就不需要"钦差大臣"了。所以岗位是循环变动的，人力资源部可以建立一个规则部门，规则部门就循环认证目前岗位的重量。岗位重量确定后，各种级别配多少人就清晰了。

定岗定薪是指同贡献、同报酬，它是华为与奋斗者分享的理念之一。任正非在《华为的红旗到底能打多久》一文中指出："各尽所能，按劳分配。怎么使员工各尽所能呢？关键是要建立公平的价值评价和价值分配制度，使员工形成合理的预期，使其相信各尽所能后你会给其合理的回报。而怎么使价值评价做到公平呢？就是要实行同等贡献，同等报酬原则。不管你是博士也好，硕士也好，学士也好，只要做出了同样的贡献，公司就给你同等的报酬，这样就把大家的积极性都调动起来了。"

任正非认为"英雄不问出身"，只要做出了同样的贡献，公司就给予同等的报酬，这种激励能够最大限度地激发员工的工作潜能。后来，华为建立了一套体现定岗定薪的分配体系——岗位标准工资。

岗位标准工资

2009 年，任正非在其文章《人力资源体系要导向冲锋，不能教条和僵化》中这样写道：

> 我们明确，由人力资源委员会的编制委员会来确定我们应该有多少岗位，以及这个岗位是什么重量。你们干部和管理部门要如何去称岗位重量，去看这个人是不是适合这个岗位。这两个职类岗位，反正我们只能用一个，多了一个怎么办？要么你就把多的这个干部挤下去，要么你就把这个干部调给别人。你们原来是针对人来称重量，而不是针对岗位的需要来称，现在我们要强调针对岗位的需求来称。

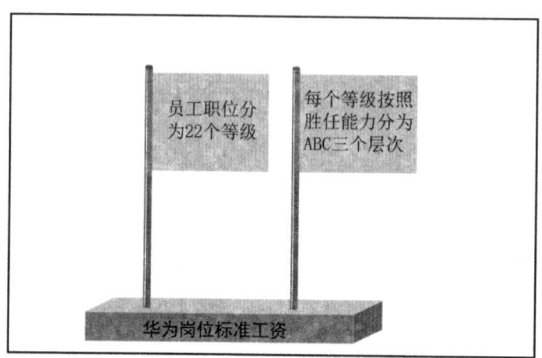

图 2.9 华为的岗位标准工资

为了合理反映员工的贡献与报酬之间的关系，华为人力资源部制定了岗位标准工资。将员工职位分为 22 个等级，每个等级又按照胜任能力分为 ABC 三个层次。13 级以下基本上都是普通员工，这里不具体描述，我们重点来看 13 级及以上的。华为员工标准岗位工资明细及分析如下表所示。

华为员工标准岗位工资明细及分析（2010 年）

单位：元

岗位等级	胜任等级		
	C	B	A
13	5500	6500	7500
14	7500	9000	10500
15	10500	12500	14500
16	14500	17000	19500
17	19500	22500	25500
18	25500	29000	32500
19	32500	36500	40500
20	40500	44500	49500
21	49500	54500	59500
22	59500		

华为将每个等级与员工绩效考核成绩相对。如果员工考核（对员工贡献的评价结果）获得15C，那么它的工资就是10500元，奖金、期权另算，但也要通过绩效考核来衡量贡献，通常15级将获得3万～4万元期权。

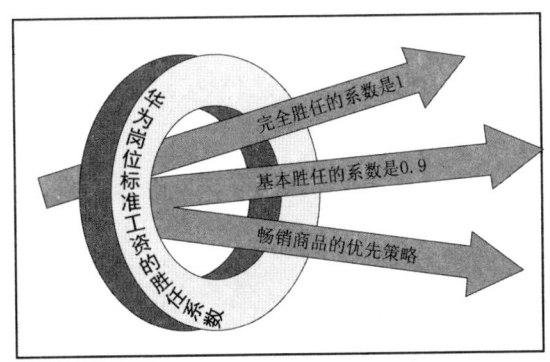

图2.10 华为岗位标准工资的胜任系数

岗位标准工资中还设定了胜任系数，以奖勤罚懒。完全胜任的系数是1，基本胜任的系数是0.9，暂不胜任的系数是0.8。

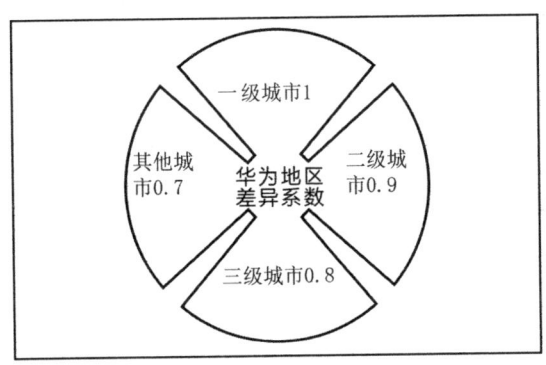

图2.11 华为的地区差异系数

此外，为了让华为人继承华为的企业文化，公司还设定了地区差异系数，一级城市1，二级城市0.9，三级城市0.8，其他城市0.7。

任正非表示：

逐步实施岗位职级循环晋升，激发各单位争当先进。第一，我们实际已有的薪酬标准就不要改变了，动的是个人职级。第二，以岗定级不能僵化。以后有少部分优秀人员，没岗位但允许有个人职级，要看重这些人有使命感、创造力。如果脱岗定级的问题现在找不到合适方法来操作，就把优秀人员的岗位职级先调整了，然后他自己再去人岗匹配，程序还是不变，这个机制可以叫做"岗位职级循环晋升"。如原来20级的组织，其中做得优秀的那30%可以转到21级，每三年转一圈，做得好的才动。每年拿30%优秀部门来评价，如果明年这个岗位还在先进名单里，就更先进了，还要涨。落后的没涨，就会去争先进，争先进的最后结果，我们把钞票发出去了，而且主要发给优秀单位。实行全球P50标准工资的人员范围应该还要向下覆盖。当公司出现危机时，不是一两百人就能够救公司的。具体如何操作法，扩大到多大规模，我不知道。

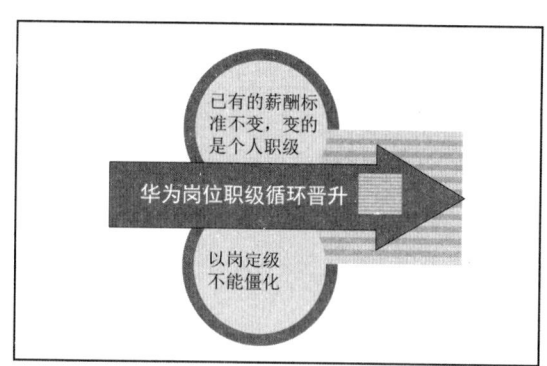

图 2.12 华为的岗位职级循环晋升

岗位标准工资解读

岗位标准工资的等级确定，一是依据面试、试用情况；二是依据日常工作、项目执行的评价，总之做出的贡献越多，得到更高等级岗位工资的可能性越大。华为人员等级如下：

1. 助理工程师的技术等级为 13C ~ 15B。

2. 普通工程师 B 的等级为 15A ~ 16A。

3. 普通工程师 A 的等级为 17C ~ 17A。

4. 高级工程师 B 的等级为 18B ~ 19B。

5. 高级工程师 A 或技术专家的等级为 19B ~ 20A。

6. 三级部门主管的等级为 19B ~ 19A。

7. 二级部门主管的等级为 20A。

8. 一级部门主管的等级为 21B ~ 22B。

9. 最高等级为 22A。

其中，华为技术专家的等级等同于三级部门主管，高级专家最高可达到一级部门正职的技术等级 21A ~ 22B，这也体现了同贡献、同报酬的分配原则。

执行岗位标准工资制

华为实行岗位标准工资制后，不再或很少由上级任命、定级，完全由员工按照相关规定自行应聘相关职级，如工作八年以上的可以去应聘 16A，工作六年的可以去应聘 15B、15A，上级只是负责考核。这杜绝了各种不公平的现象发生。

1. 能力突出、项目经验丰富、有经理级职务或技术专家，可应聘 18 级。

2. 工作十年或以前担任过部门经理的社招员工（社会招聘人员），17A 以上，并派往海外。

3. 工作六年，能力和技术水平一般，但基本能胜任工作的普通社招员工，给予 15B、15A；如果在原公司是骨干，给予 16B、16A。

4. 社招工作 8 年的普通员工，一般给予 16A 或 17B。

5. 特招进入华为，一般给予 17A ~ 18A，并给予签字费、股票。

6. 原公司若是思科、爱立信、阿尔卡特—朗讯、诺基亚西门子等公司正式任命的部门经理（部门主管）则给予等同于华为三级部门主管的级别 19B 或 19A。

7. 应届本科生最低级别 13C。

8. 生产线上的操作工 13C 以下。

需要说明一点，签字费就是给跳槽至华为的员工的补偿金，以及奋斗者协议奖金，一般为 3 万 ~ 5 万元。

此外，华为的待遇还体现在技术等级与任职资格挂钩上，也就是说技术等级是职称，职称是享受待遇等级的。华为规定"技术等级 +13= 任职资格"，如技术等级 3A，任职资格为 3A+13=16A。这为许多走技术路线的员工提供了同等的待遇。

定岗定薪分配体系，极大地提高了华为人工作的动力，为华为带来了前所未有的繁荣。

<table>
<tr><td>第五节</td><td>福利激励是薪酬激励的有效补充</td></tr>
</table>

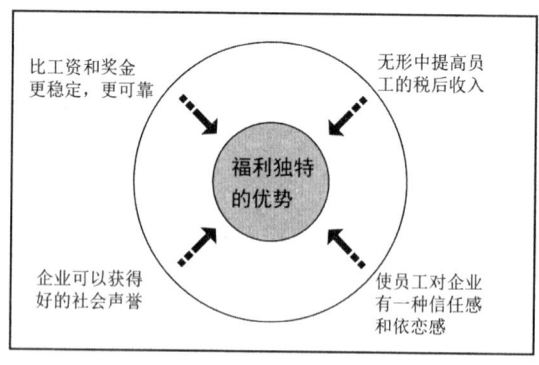

图 2.13 福利的独特之处

从世界范围看，在薪酬管理实践中，一个越来越突出的问题是，福利在整个报酬体系中的比重越来越大，成为组织的一项庞大支出。到目前为止，西方一些发达国家的福利与工资的比例几乎接近1:1，并有超过工资的发展趋势。

福利所具有的独特之处：第一，福利保险的项目或待遇标准一旦确定，就不大可能取消，因而水平比之工资和奖金更稳定，更可靠。第二，福利保险中很多项目是免税的，或者税收是递延的，这样员工获得可支配的收入会随福利保险项目待遇的增加而增加，无形中提高税后收入；第三，企业通过提供各种福利和保险待遇，可获得诸如社会责任感强、关心员工等好的社会声誉，同时也使员工对企业有一种信任感和依恋感，自发忠诚地为企业工作。

我们先来简单看看世界级公司是用什么样的员工福利来提高工作效率，让每个员工都快乐地工作的：

高盛（纽约）：如果员工晚上加班太晚，这家华尔街的公司会用豪华轿车免费送他回家。

瓦拉西斯传播公司（密歇根州利沃尼亚）：如果你还没买车，公司会租车给你；如果你需要家政服务，公司会为你打折；新婚夫妇还能得到公司提供的婴儿安全座椅。

美信银行（特拉华州威明顿）：结婚时公司会大方地给员工准备新婚礼物，其中包括婚礼当天的豪华轿车，五百美元的红包以及一个星期的休假。

WRQ 公司（华盛顿州西雅图）：这家企业软件开发商提供的福利听起来怪怪的——它们为员工提供带床垫的休息室。这点和华为一样。

戴尔电脑（得克萨斯州朗德罗克）：圣诞节每人都有一周的假期，每年还有十天的年假。

在早期，华为人认为："改善福利是为了团结得更有力量，使我们的前进速度更快，战斗力更强，这样才能有更好的工作、生活条件。

这些条件的改善是靠大家争取来的，不是上帝恩赐的。你口袋里装着的是你自己创造的劳动成果，创造不出劳动成果，大家口袋里不会有任何东西。只有提高效率，才能保证公司持续发展下去。"

任正非表示："我们争取在各地多建一些高档的有厨房的单身公寓，出租给员工，让员工至少可以过渡几年，来缓解当前房地产泡沫的压力；以前我认为要完全社会化，现在看形势，我也不反对，但我们也不要去建出售的房子，将来我们摆不平内部关系的。"

在华为，员工还享有一项特殊的福利：华为会把内部反腐的钱作为节约奖励分享给在职员工。2014 年，华为将 26 年反腐管理改进所分享的节约奖励共计 3.74 亿人民币，平均发放给在职员工每人 2500 元。2015 年，华为将管理改进所分享的节约奖励共计 1.77 亿美元，平均发放给所有在职员工每人 1000 美元。

任正非在内部讲话中这样说道：

> 所有细胞都被激活，这个人就不会衰落。拿什么激活？血液就是薪酬制度。社会保障机制是基础，上面的获取分享制是一个个的发动机，两者确保以后，公司一定会持续发展。"先有鸡，才有蛋"这就是我们的假设。因为我们对未来有信心，所以我们敢于先给予，再让他去创造价值。只要我们的激励是导向冲锋，将来一定会越来越厉害。

光基本工资就高出别的企业好几成的华为，自然不会在福利待遇等方面输于别人。

华为在创建初期，经济条件比较困难，当时对因工死亡或伤残员工的额外补偿比较低，现在经济效益好了，华为没有忘记这些员工为公司做出的贡献！

华为从 1996 年就开始发相当于工资 15% 的"补充"保险（华为称为"安全退休金"），并且每隔两年便直接打到员工的银行账户上去。所谓的"补充"保险，就是在员工工作的时候就把员工养老的钱发了。

为保障员工在全球工作和生活无后顾之忧，华为自 2005 年起推行了员工保险保障和福利制度改革，发布了员工保障、医疗保障、医疗救助保障、人身保障等系列文件。目前已建立了强制性社会保险、医疗保险以及商业保险的双重保障机制。依据此制度，员工除依法享受国家和地方的强制性社会保险保障外，还享受华为提供的商业保险保障。商业保险包括商业人身意外伤害险、商业寿险、商业重大疾病险、商业旅行险。若不幸因工意外受伤罹难的，任何员工除可以依法获得社会保险的相关补偿外，还可额外获得约 100 万元人民币的商业保险补偿；对于罹患重大疾病的员工，可额外获得 20 万元人民币的重大疾病补偿；若因病去世，可额外获得 30 万元人民币的商业寿险补偿。

华为在多个方面对员工保障体系进行持续优化，包括全面开展海外员工保障管理优化项目，制定属地化的保障政策，进一步完善公司的全球员工保障体系；提高商业寿险保障标准；与保险供应商合作建立全球员工保障管理与 IT 运作平台；进一步推广及完善员工家属保险认购计划，为增强员工家属保障搭建平台等。在突发事件处理方面，华为对员工工伤事故实行对一级部门主管的问责制，并成立员工保障管理领导小组，对员工人身突发事件处理方案进行审议和决策。

华为 2010 年企业社会责任报告显示，2009 年公司在提升员工福利保障方面共投入 19.7 亿元。华为 2010 年销售收入 1852 亿元，同比增长 24%，而在雇员费用这块的支出是 306 亿元，同比增长 23%。以华为 11 万员工计算，其员工平均年薪近 28

万元。华为 2010 年为员工提供的包括保险、医疗等在内的保障性支出达 19.7 亿元。

华为福利一个最直观的体现就是将其货币化，打到员工的工卡里。

对于那些已经和华为签订就业协议的毕业生，来公司报到时的路费和行李托运费等费用可以享受实报实销，包括：从学校所在地到深圳的单程火车硬卧车票、市内交通费（不超过100元）、行李托运费（不超过200元）、体检费（不超过150元）。上述费用所有票据在报到后的新员工培训期间统一收取、报销，并在报到的当月随工资发放。虽然仅仅是报销报到费用，每个人只有几百块钱，但一次性招聘数千人，这也是一笔不小的开支，国内绝大部分公司都很难做到。

第六节　年终奖是最落后的制度

我坚决反对年终奖的制度，年终奖制度是最落后的制度，要强调过程奖、即时奖。比如应有 50% 幅度的过程奖在年终前发完，没有发完的，到年终就不发了，不给你了。这样逼各部门发即时奖。我们强调项目奖、过程奖、即时奖。

有人问任正非，这些奖在实际操作过程中是不是可以一步步地走？

任正非的回答是这样的："谁让你一步步走，你走快一点。奖金有多了不起，不就是发错了，即便发错了也只有一次。股票发错了，就几十年。奖金不要看那么重。"

任正非强调项目奖、过程奖,从根本上强调的是奖励要及时。一位华为人有这样的记述:

> 东北欧运营商多而散,大颗粒项目少,订货增长较慢。经过分析,郑恒峰认为:"土豆还埋在地里,要填饱肚子,就要靠我们精耕细作,到地里再去挖一挖。"结合当年地区部抓盈利的契机,他们成立了无线存量经营工作组,制定了"抓存量、定目标、勤分析、悬赏制"的工作方案。经过辅导与激励,大家热情高涨。
>
> 在 2012 年 8 月份,项目组一共梳理出近 7000 万美元的市场机会点,并提出 40 万元的激励计划,地区部总裁听到消息后,当场表态:"我们就是砸锅卖铁也要给大家兑现这些激励!"到了年底,销量惊人,地区部一共发出去 80 多万元的即时激励。无线市场盈利大幅提升,直接带动地区部的整体业绩扭亏为盈。而郑恒峰也因此拿到了海外年度考评 A 的佳绩。

有一家公司要搞一个新项目,该项目是由几个年轻的 80 后员工负责的。一个星期过去了,他们没有一个人能提出创新的想法。无奈之下,主管就说要是谁先想到的话就奖励 1000 元。当时主管也是随口说说,说完就走了。结果到了第二天早上 9 点,这几个员工都还没来上班。打电话一问才知道,原来他们昨天工作到凌晨 2 点,一个晚上就把工作做好了。

项目完成后,主管立即兑现了他的承诺,而这几个员工的工作热情也高涨了很多。

这里不是要给 80 后员工贴上物质化的标签,但是从该案例中,我们可以看到，这种立即兑现的奖励更能激发员工的创造性和积极性。我们都知道新生代员工并不缺乏创新和激情，缺的是一种有效激励他们的机制。其实，他们的思想很简单：你给我多少钱，我就给你做多少事，而且先给予我再做，没有耐心长期等待公司未来可能变化的奖励。这就出现了给予与付出之间的时间差。在这个环节中，管理者要调整的是自身，不是员工。管理者要适当调整原有的马拉松式的奖励方式，要把即时奖励、即时兑现常态化。这是为什么呢？

根据"近因效应"，人对于最近事情的记忆远比中期和远期的事情深刻，如果时间拖得越长，效果就越不明显。所以到了年终，经理可能对所要奖励或是表扬的人和事有印象，因为有记录。可是时间长了，再激励时已经没有了激情。而受激励的员工因为时间太久，自己都有些淡忘了，再提起来，也只是淡然一笑，已没有当时的喜悦和幸福感！因此，管理者要做到即时激励，这是管理者必须学会的一件事情。古人云"赏不逾时""罚不迁列"，是什么意思呢？就是奖赏不能错过时机，惩罚不能等到士兵离开队伍后再去执行。只有即时奖惩，才能使人们迅速看到做好事的利益或是做坏事的后果。

这种即时的、自发的奖励，由于其灵活性较大、激励效果显著而被很多企业广泛地运用和推广，而且效果都不错。如思科的"CAP"的现金奖励，该奖项的金额从250美元到1000美元不等。一个作出杰出贡献的思科员工，可以由任何人提名来角逐这个奖项。一旦确认，这名员工就可以即时拿到这笔现金奖励。

2015年，根据上半年经营情况，按照获取分享制，华为消费者BG在Q3提前启动2015年奖金评议和发放。一年开展两次奖金评定，在华为历史上鲜有先例，它的背后又意味着什么？2015年7月，华为消费者BG总裁余承东在总结2015

上半年经营情况的致辞中表示，华为消费者 BG 5 月底已提前完成公司制定的上半年经营目标，并将对员工进行即时激励。

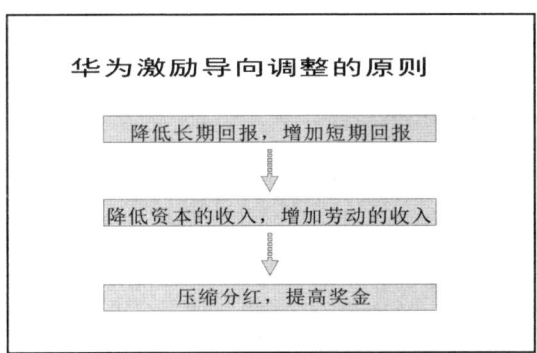

图 2.14 华为激励导向调整的原则

任正非表示："未来激励导向调整的原则是，降低长期回报，增加短期回报；降低资本的收入，增加劳动的收入；压缩分红，提高奖金。"

谈新外派补助制度

补助，作为薪酬激励的一部分，向来是人力资源重点关注的模块。从文化的表现层次——器物层、行为层、制度层、理念层这四个层次来说，一个公司的激励制度，是企业文化最重要和直接的体现。华为新的海外补助制度，追求的正是这样的激励目标。

首先，新外派制度明确的、有针对性的激励，充分体现了"奋斗者得到回报"的文化，吸引、保留、激励愿意到海外发展的员工，发挥他们的才能，为公司国际化发展贡献力量。

经济社会，在职场上讲"无私奉献"某种程度上显得曲高和寡。在目前本地化能力还不够的情况下，外派员工是一个有效的方法。而从员工角度来说，外派的确带来了工作、生活方面的种种困难和压力。因此，有效的、合情理的运作需要有一个劳有所获、高绩效、高回报的激励制度来保障。新的外派补助制度将补助分为离家、艰苦和伙食三个方面。从激励的内容来看，每部分激励回报的是什么，为了补偿员工因为工作而承担的什么困难，体现员工哪个方面的价值和奋斗能力，都是清晰、明确的。如离家补助是为了补偿员工离乡背井，承受了不同文化差异和生活不便带来的困难而给予的。从激励享受主体来看，新补助也有其明确的倾斜性——向艰苦地区倾斜。不畏条件艰苦，勇于到艰苦地区工作的员工享受的艰苦补贴就高，而选择在发达国家工作，艰苦补贴甚至为零。这种倾斜性不是主观的好恶，而是基于外派国家的客观状况，从另一个角度说，它更体现出"让奋斗者得到回报""不让雷锋吃亏"的公平性。

其次，新的外派补助制度体现了激励体系管理上的规范化和国际化。

一个有效的补助制度要能够很好地吸引和保留人才，赢得员工的敬业度和满意度，实现对公司的绩效承诺。它的激励性、公平性和竞争性对内对外都要有体现。新的外派补助体系是借鉴了业界跨国公司的优秀实践，结合公司的实际业务需求和管理导向而设计的，它更加规范、标准。比如：在艰苦补助的设计中，就参考了每个国家的气候与自然环境、疾病与卫生、文化及娱乐设施等因素，根据各因素的差异，将外派国家分成了五类，体现出激励的地区差。另外，新制度的分类激励，将业界的标准、个人贡献和公司牵引进行了综合考虑，它不仅使外派补助制度对内部员工具有有效的激励作用，同时，也提高了对外的竞争力。与此同时，新的补助增加了根据汇率变化、物价上涨、政治动荡等原因进行定期审视和遇到特殊情况的应急政策的措施，使制度更符合实际情况。

最后，在制度中体现对员工生活和健康的关怀。

民以食为天，基本的生活要素某种程度上决定着人的精神力量。在不断提高行政平台的支撑能力，提高公司食堂、野战食堂的伙食水平的情况下，新补助制度清晰定义了"伙食补助"，员工只要在食堂吃饭，就可以享受比自己外派伙食补助标准高一倍的饮食标准，并且在补助标准内，家属在食堂就餐也不用支付餐费。这样，不论是条件艰苦地区，还是高消费地区的员工，都能够改善伙食，保证营养和健康。同时，在发放形式上，伙食补助没有以现金的方式直接发给员工，这一是督促各地区行政平台努力提高服务能力；二是员工自身也能主动地关注伙食的质量。

总之，新外派补助制度设计的核心仍然基于价值创造、价值评价和价值分配的原则，体现的是公司"以奋斗者为本"的文化。随着公司全球化步伐的加速，它在牵引员工奔赴海外、推动公司发展上将扮演越来越重要的角色。

（本文摘编自《激励 规范 关怀——谈新外派补助制度》，来源：华为人，2008）

第二章
晋升激励：努力者机会均等

HUAWEI HUAWEI HUAWEI HUAWEI HUAWEI HUAWEI HUAWEI HUAWEI HUAWEI HUAWEI HUAWEI

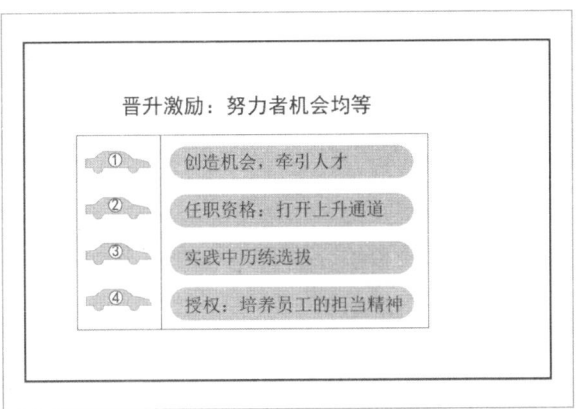

您有时会感到公司没有您想象的公平。真正绝对的公平是没有的，您不能对这方面期望太高。但在努力者面前，机会总是均等的，要承受得起做好事反受委屈。

——任正非

 **创造机会，牵引人才**

　　我们呼唤英雄，不让雷锋吃亏，本身就是创造让各路英雄脱颖而出的条件。雷锋精神与英雄行为的核心本质就是奋斗和奉献。雷锋和英雄都不是超人，也没有固定的标准，其标准是随时代变化的。在华为，一丝不苟地做好本职工作就是奉献，就是英雄行为，就是雷锋精神。

　　实践改造了、也造就了一代华为人。"您想做专家吗？一律从基层做起"，已经在公司深入人心。一切凭实际能力与责任心定位，对您个人的评价以及应得到的回报主要取决于您的贡献度。在华为，您给公司添上一块砖，公司给您提供走向成功的阶梯。希望您接受命运的挑战，不屈不挠地前进，您也许会碰得头破血流，但不经磨难，何以成才！在华为改变自己命运的方法，只有两个：一，努力奋斗；二，做出良好的贡献。

通过职业生涯规划，员工结合企业文化与发展等方式，往往能够起到非常突出的作用。根据马斯洛的需求层次论，个人需要的最高层次是自我实现和自我发展的需要。在华为这样的高科技企业里，许多员工低层次的需要往往已基本或部分得到满足，因而员工更关注的是个人的未来发展，包括在企业内部的职位发展。通过职业生涯规划，在员工面前放一把企业内部的职业发展梯子，引导员工产生渐进式的发展目标。通过这种激励方式，促进员工在企业不断成熟与发展，企业员工队伍逐渐稳定与成熟，同时也造就了一种双赢的结果。

《华为公司基本法》中提到"机会牵引人才"，缺乏机会，人才也就不能应运而生。

员工 A 是华为一位尼泊尔籍员工，在清华大学留学，毕业后留在中国工作，已经在中国生活了十几年。他还娶了一位中国太太，汉语极好，连一些中国的成语典故都能理解，是典型的中国通。

A 毕业后一直在电信行业工作，英语很好，对客户的理解力很强。华为的主管也很看重他，让他承担了一些重要的工作。但在一次年度考核沟通时，他跟主管说："为什么我没有配股呢？我比很多获得配股的中国员工干得好，这你是知道的。"

这位主管一时语塞，想了一会儿，就跟他解释公司的政策。由于中国法律的限制，像他这样的外国人无法获得华为的配股。但也要他相信，华为的文化不会让真正工作出色的人吃亏，付出一定可以获得合理的回报。他理解了主管的解释，并没有因为这件事情受到什么影响，而是更加努力工作，在巴展讲解、重要客户接待、市场支持等工作中表现出色，并在某重大项目的突破中做出了重要贡献。

这位主管在年终奖评定时，也并没有拘泥于 A 当时的级别，鉴于他没有股票分红，同时绩效出色，于是主管向领导请示，

为 A 评了高出当时同等级别同等绩效一定比例的年终奖，在
定岗定级中也把他提升为 17 级专家。A 还力压部门一些强手，
获得了 2008 年度销服体系金牌员工的荣誉。

他自己的工作热情也很高，周边的领导和同事都很认可。
但受限于当时的意识和情况，公司并没有给他进一步承担更重
要管理岗位和责任的机会（其实当时是可以考虑让他做一些三
级部门总工或副职一类的内部岗位的）。在一年多后，他恰好
获得了在尼泊尔一家新牌运营商担任无线网络总监的邀请，他
也认为这是他职业生涯发展的一个新机会，于是他就从华为离
职了，成了华为的客户。

离职时，他仍十分感谢华为给予他的认可和提升工作能力
的机会，而且在运营商工作期间，他对华为也十分友好，处处
配合华为的工作。

A 的故事让这位主管体会到，对优秀员工的薪酬待遇激励要敢于
倾斜，不应当简单拘泥于公司的条条框框。对优秀员工的中长期职业
发展规划给予更多的发展机会也是对其进行价值激励的一个重要方面，
应敢于用人。

任正非还发明了一个"岗位职级循环晋升机制"，用这个机制来
牵引人才。任正非表示："我们实际已有的薪酬标准就不要改变了，
动的是个人职级。第二，以岗定级不能僵化。以后有少部分优秀人员，
没岗位但允许有个人职级，要看重这些人有使命感、创造力。如果脱
岗定级的问题现在找不到合适的方法来操作，就把优秀人员的岗位职
级先调整了，然后他自己再去人岗匹配，程序还是不变，这个机制可
以叫做'岗位职级循环晋升'。"

第二节　任职资格：打开上升通道

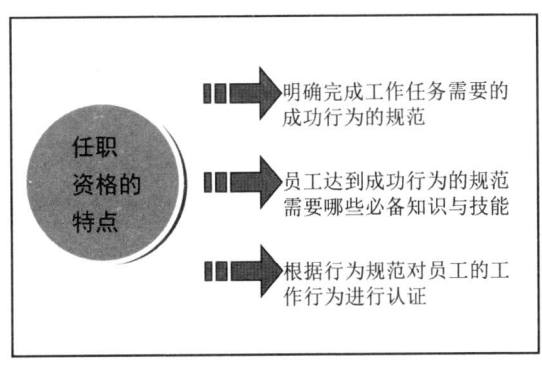

图 3.1　任职资格的特点

德鲁克表示："最能有效刺激员工改善工作绩效、带给他工作上的自豪感与成就感的，莫过于分派他高要求的职务。"

职权的激励在华为是非常重要的，它为华为留住人才起到了非常大的作用。华为的员工大多数是一群高素质、高学历的员工，他们十分在意实现自身价值并强烈期望得到组织或社会的认可与尊重。所以，华为对员工进行充分的授权，以此显示对他们的信任与尊重。华为用这种激励手法使得员工感到自身价值得到实现并受到尊重，这使得他们更愿意贡献自己的才智，从而对公司事务有了更强的参与感和更多的自主性。

任职资格为华为人打开了上升通道，是职权激励的一种。

"华为员工的流动性并不小，但很少是被挖走的，大多数是主动出去创业的。"华为集团人力资源部的一位经理李元（化名）把这种现象归功于华为对员工的任职资格管理。

任职资格反映的是从事各类工作的能力。它的特点是：基于工作内容，并以完成工作内容成功的行为规范为标准。也就是说要获得一定的任职资格，必需按照所要求的行为规范完成其工作内容。它的目的是为了保证工作质量，有助于员工的培训，明确员工需要掌握的知识范围及能力标准。以前华为是根据工作任务或职责来估计员工需要掌握的知识和技能，并进行相应的培训，这样不可避免地带来两者之间较大的差异。

任职资格就是在两者之间搭起一个桥梁，明确完成工作任务需要的成功行为的规范是什么，员工要达到成功行为的规范需要哪些必备知识与技能；根据行为规范对员工的工作行为进行认证，就可了解员工还需要掌握哪些必备知识。

每位员工都知道，只要工作干得好，就有可能晋升，但是具体达到什么条件，就不清楚了，至于未来的职位要求是什么，自我的发展方向怎么定，就更不了解了。员工一旦工作上不顺利或感到前途渺茫，就会要求调动，调到什么岗位有利于自己的发展也不清楚，这样的调动十有八九工作也不会理想，这对员工、对公司都是一种损失。

任职资格与激励

目前华为公司的管理干部大部分是公司创业期的技术骨干。在如今公司迅速发展到万人的规模之下，老干部队伍如何随着公司战略发展不断提高管理技术、管理理念，并行之有效地付诸实践？怎样更快更有效地培养这一批新干部，激励他们自我上进？又怎样从新员工中不断选拔出未来发展需要的优秀管理者？这些成了人力资源开发与管理上的首要问题。

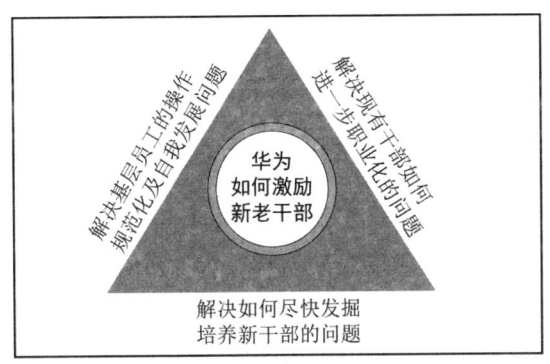

图 3.2 华为激励老干部的三种方式

1. 解决基层员工的操作规范化及自我发展问题

任职资格体系通过对职位的合理分类，形成各个资格领域，建立起各领域的职业发展通道。任职资格标准的详细说明使员工了解工作的具体要求、需要学习的内容，掌握绩效改进的方法，这样员工就可了解并选择个人最佳的职业发展途径。通过自己与自己比较，激发自我发展的动力，并为达到个人职业发展目标而不断努力，在达标的过程中不断规范自己的操作，提高自己的技能。

2. 解决现有干部如何进一步职业化的问题

"管理发展"是指管理队伍的建设问题。大公司与小公司不同，总经理不可能管理公司的每一位员工，最重要的管理问题就是对管理者的管理，通过对中高层管理人员的管理来带动整个公司的经营运作。管理人员的工作性质决定其一般需要从内部培养。

3. 解决如何尽快发掘培养新干部的问题

新干部怎样继承发展华为特色的管理理念，并能在短时间内掌握有效的管理技能和专业知识？新老干部如何不断自我激励、互相学习提高，尽快形成与高速发展的公司规模相一致的职业化干部队伍？职务是与职位相对应的，根据市场战略的变化，组织架构及相应的职位也会不断变化，而任职资格的标准修订将带动员工及干部不断学习实践，争取达标，以适应职位的挑选。

从秘书开始

在 1998 年以前，随着生产规模和员工队伍的迅速膨胀，华为的管理层不断扩张，华为在内部提拔了很多人，当时犯过"乔太守乱点鸳鸯谱"的错误。管理人员多了，秘书的配备自然就要跟上，因此，华为的秘书从 1994 年的几十人陡增至 1997 年的 500 人。无可否认，这些基本具有本科以上学历的秘书在公司各级管理层面和交叉点上的工作极大地推动了公司的管理和发展。但是长期让这些高学历的人才做一些文件收发、资料录入、会议召集等琐碎的工作，时间长了，这些自主性极强的人才自然感觉枯燥、没有前途。如何让秘书们有一个提升的空间和合理使用，成为任正非不得不考虑的问题。因此，任正非在华为进入高速发展期后，下决心要把任职资格的工作扎扎实实做到底，在 2003 年以前形成自己的合理制度。

在任正非这一思想的指导下，从 1998 年开始，华为与 NVQ（英国国家职业资格委员会）合作，在公司推行任职资格制度，希望逐步实现制度化的新老接替。在这里所说的制度主要包括职业发展通道、任职资格标准和资格认证三大部分，其中，"五级双通道"的职业发展通道模型，使得华为的所有员工不仅仅可以通过管理职位的晋升获得发展，也可以通过选择与自己业务相关的营销、技术等专业通道发展。对于每条通道的不同级别，华为都设立了相应的资格标准。原则上，每隔两年对员工进行一次职位资格认证，公司根据认证结果，决定是继续留任、晋升，还是降级使用。

任职资格的制度文本虽然建立起来了，但该制度在华为推行的效果却不能令人满意。首先，制度体系比较复杂，以中级管理者为例，资格认证标准包括五个基本模块，每个模块又有若干个行为标准，这样，认证需要花费的时间和投入的精力都非常之大，每个部门需要几周的时间才能认证完毕；其次，资格认证需要认证者有良好的职业素质和基础数据系统的支持，否则，最终的认证结果可能与任职者的实际水平不相符合。

但是从整体看，这套认证体系对促进劳动者职业技能和素质的提高意义重大，如果就此搁置会非常可惜。因此任正非专门派华为副总裁张建国到英国学习职业资格认证，之后主要针对文秘人员，在华为开展了企业行政管理资格认证。

一些秘书在刚开始参加单元考核时，觉得非常简单，不知考核的目的何在。随着学习的深入，这些秘书们才逐步认识到：工作效率的提高是建立在有序的工作之上的，任职资格认证帮助建立工作秩序，从而提高了工作效率；要处理好例行公事之外的工作，需要有一个清晰的思路，资格认证正是提供了这样一个思路、一个想法，帮你寻找处理问题的共性，建立一种逻辑思维上的顺序，从而提高工作效率。

华为推行的这套职业资格认证对秘书的考评一共分五级。第一级就是会打字，会使用基本的办公软件等。第二级能够安排会议。当达到第五级时，也就是已经完全具备了一个部门经理的水平。根据这样的职业化制度，每年都对秘书进行考核、分级。任职资格认证的思路就是建立一个文秘行为规范，以及达到这一规范的机制。

一些秘书在几个月的单元考评后，感觉自己好像被一个具备全面素质的优秀秘书指引着工作一样。考评中对照文秘标准来检查自己的工作，有差距时会感到自责或恍然大悟，达到标准要求时会感到满足。在这个过程中，考评员的最大作用是帮助被考评者早日达标，而不是要把他"考倒"，从而使员工在考评过程中能够比较自如、正常地发挥自己的能力。

一年后，普考阶段参加考评的华为秘书就达到了300多人，完成一级考评的人数达 180 人。考评优秀的秘书可以到市场部锻炼，也可以获得逐步的提升。秘书的职业发展通道被打开了。

通过运用英国 NVQ 企业行政管理体系的考评制度，华为员工的工作主动性和有效的工作成果得到认可，在考评的过程中实现了员工的自我培训和自我提高，极大地促进了员工素质和工作效率的提高，调动了他们的工作热情。资格认证的过程充分体现了与客观标准比较的相对公正性，而任职资格制度的不断修改完善，也是企业实现制度化新老接替所必须经过的一个过程。

确定任职资格

华为在引进 NVQ 体系的试点工作中，组织文秘和有关管理人员对国际企业行政管理标准进行了认真的学习，对照标准要求来考核工作，使员工们明确了工作改进的目标和文秘人员的职业发展通道。

刚开始，在学习的同时，人力资源部反复探索秘书的任职资格，华为依照英国 NVQ 企业行政管理标准体系建设公司人事管理和人员培训的平台，确定了文秘工作规范化和职业化的目标，并根据公司自己的实际情况修订和细化了文秘资格标准，建立了一套符合华为实际的、有多个级别和任职资格的考评体系。

在此原则指导下，打字速度、会议通知、会议所用的文具、会议过程管理、做会议纪要的方法，办公室信息管理、各个部门的流程连接等成为华为秘书的任职资格。比如开会前半小时打电话落实一下，职业化水平就体现在这样的细节中。

资格体系做好后，秘书们终于明白了自己发展的方向。华为秘书的职业能力迅速提高，像电脑管理、文档管理、电话处理，别的单位得招三个人来做，在华为一人足矣。省下了工资、管理费用、办公空间，效率还更高。

华为还建立了资格认证部，组织培训了专门人员负责文秘人员的考评工作，同时还带动了公司员工的培训工作。

秘书问题解决后，人力资源部成立了两个任职资格研究小组，每组三人，开始制订其他人员的任职资格体系。例如，华为对高级管理者进行任职资格认证活动，一方面是通过对各级干部一段工作的总结与评价，探索资格认证的有效途径，以便为下一步开展各层次、全部岗位的认证工作起到开路先锋的作用；另一方面也是对高级管理者综合素质进行一次摸底，从中区分出各个管理者的不同职业素养和特点，以便进行人才配置的进一步优化。

销售人员任职资格标准的确立，是先在全国各地选出了20名优秀的销售人员，研究小组人员跑到各办事处，看这些优秀销售人员怎么拜访客户、怎样谈判，最后定出一级到五级的任职资格标准。

紧接着华为正式成立了任职资格管理部，对各个岗位设立相应的任职资格标准。为了使员工不断提高自身工作能力和价值，有一个更大更广的发展空间，任职资格管理部设计了管理与专业技术双重职业发展通道。员工可以根据自身特点，结合业务发展，为自己设计切实可行的职业发展通道。以某员工为例，他当时可以有两个选择：一是走管理岗位通道，进入人力资源系统，以人力资源经理为职业目标；二是走技术岗位通道，坚持做人力资源技术性工作，成为内部的人力资源技术专家。

第三节 实践中历练选拔

"烧不死的鸟就是凤凰",这是华为人对待委屈和挫折的态度和挑选干部的准则。没有一定的承受能力,今后如何能挑大梁?其实一个人的命运,就掌握在自己手上。生活的评价,是会有误差的,但决不至于黑白颠倒,差之千里。要深信,是太阳总会升起,哪怕暂时还在地平线下。您有可能不理解公司而暂时离开,我们欢迎您回来。

世上有许多"欲速则不达"的案例,希望您丢掉速成的幻想,学习日本人踏踏实实、德国人一丝不苟的敬业精神。现实生活中能把某一项业务精通是十分难的,您不必面面俱到地去努力,那样更难。干一行,爱一行,行行出状元。您想提高效益、待遇,只有把精力集中在一个有限的工作面上,不然就很难熟能生巧。您什么都想会、什么都想做,就意味着什么都不精通,做任何一件事对您都是一个学习和提高的机会,都不是多余的,努力钻进去兴趣自然在。我们要造就一批业精于勤、行成于思,有真正动手能力和管理能力的干部。机遇偏爱踏踏实实的工作者。

诸葛亮用自己忠诚的品德、超人的智慧、旷世的才能、敬业的精神,协助刘备匡复汉室,成就蜀国霸业,治理"天府之国",他的历史功勋是有目共睹的。然而,他一贯亲力亲为、没有培养出治理蜀国的优秀接班人队伍,致使出现"蜀中无大将,廖化当先锋"的无奈局面,不仅自己落得个"出师未捷身先死,长使英雄泪满襟"的悲惨结局,也使蜀国成为三国中最早灭亡的一个王朝。

其实在华为，激励员工最有成效的办法，是要让他们在实践中获得足够的历练和能力的提升。

任正非表示："公司永远不会提拔一个没有基层经验的人做高层管理者。遵循循序渐进的原则，每一个环节对您的人生都有巨大的意义，您要十分认真地去对待现在手中的任何一件工作，十分认真地走好职业生涯的每一个台阶。您要尊重您的直接领导，即便您也有能力，甚至更强，否则将来您的部下也不会尊重您。长江后浪总在推前浪。要有系统、有分析地提出您的建议，您是一个有文化的人，草率地提议，对您是不负责任，也浪费了别人的时间。特别是新来的人，不要动不动就'哇啦哇啦'。要深入、透彻地分析，找出一个环节的问题，找到解决的办法，踏踏实实地一点一点地去做，不要哗众取宠。"

任正非表示："我们要坚持从成功的实践中选拔干部，坚持'猛将必发于卒伍，宰相必取于州郡'的理念，引导优秀儿女不畏艰险、不谋私利，走上最需要的地方，并长期保持艰苦奋斗的牺牲精神，永远坚持艰苦朴素的工作作风，在不同的岗位、不同的地点加速成长，接受公司的选择。我们的干部要严格要求自己，要聚焦于本职工作，我们要坚持三权分立的干部监察制度，否定、弹劾不是目的，而是威慑，使干部既可以自由地工作，又不越轨。我们也要从各级党组织中选拔一些敢于坚持原则、善于坚持原则的员工，在行使弹劾、否决权中发挥作用，有成功经验的员工通过后备队的培养、筛选，走上各级管理岗位。我们要充分发挥干部后备队选拔、培养干部的作用，使一些优秀的员工找到更适合他们的岗位。我们的干部要坚持实事求是的工作作风，敢于讲真话，不捂盖子，报喜更报忧，公平对待下属与周边合作，敢于批评公司及上级的不是。我们反对唯唯诺诺、明哲保身，这样的人不适合作为管理干部，我们在新一年要调整他们的工作。不敢承担责任、观察上级态度，是不成熟的表现。这种工作方法是粗暴的，是缺少能力的表现。我们在新一年中要逐步减少这类干部。"

华为原副总裁徐家骏回忆并总结出了自己从员工到主管的过程：

公司快速发展和扩张，由于工作业绩还过得去，我很快就被提拔为小主管了。一开始觉得做主管也没啥，业务的细节我都是一清二楚的，不就是多了几个人一起干活吗？有一次，IT二把手袁总说："我要参加一次你组织的部门例会，看看你是怎么做管理的。"没问题。在例会上，我侃侃而谈，把业务分析得透彻细致，把工作安排得井井有条，洋洋得意地结束了会议，期望着袁总能给点表扬。

袁总一声不吭坐到结束，等人都走了，他对我劈头盖脸一顿骂："徐家骏，你知道这叫什么吗？这叫生产队长！"一开始我还不服气：我业务这么清楚，工作安排得这么妥当，管理能力还不行？后来，我慢慢地发现了自己的问题。后来部门安排了我去参加封闭4天的干部管理培训，我才算接触到了管理ABC，渐渐体会到，原来管理也是一门学问，而且大有学问。有了这个认识，后来我也时时留心。

其实在华为要学习管理最简单，第一要诀是向身边的人学，华为的很多管理者，修养和能力超强，在平时和他们一起工作的一点一滴中，如果你细心去观察和体会，收获实在不少。比如说，有一段时间，我每周参加IT部门干部例会，大家讲得差不多了，该由领导做判断和决策、做工作安排之前，我就会猜，领导可能会做什么判断、会做什么决策，特别是有些事情充满矛盾和冲突，需要权衡时。

一开始我十猜九不中，对别人说出来的很多看法都觉得耳目一新、不胜佩服。于是就去想他为什么会这样判断和决策，背后做的功夫是什么，慢慢地自己处理类似问题的思路也比较开阔了。另外，别人在管理中犯的错误，也是自己学习的好机会，自己犯错误自己是不容易觉察的，但别人犯错误自己可以觉察，然后可以警醒自己避免类似错误。

后来，我做数据中心经理、技术支持经理、IT基建经理、系统运作副总监，边做边学，做团队管理、做考核、做流程优化，应对种种难题：如用户严重不满，工作头绪繁多、流程乱来，资源严重紧张，骨干员工要离职，刺头员工提种种要求，部门骨干之间文人相轻，部门之间配合大起冲突，末位淘汰等等，渐渐地我对管理的体会越来越深，对管理重要性的认识越来越深。

应对这些难题，当时真是殚精竭虑，有时甚至痛苦不堪。但我事后的体会是，凡是自己感觉受到严重挑战、整天闹心痛苦的工作阶段，往往是自己能力和心态进步比较快的阶段，而有时候工作一切都已摆平、风平浪静，可以优哉游哉的时候，半年过去，发现自己一无所获，毫无建树，其实内心深处更加焦虑和痛苦。我后来总结过很多管理工作的要点和戒律，也总结了一句话，叫做"成功人士就是经常成功地跟自己过不去的人士"。

第四节　授权：培养员工的担当精神

让员工自己学会根据公司发展，结合本职工作制订出弹性的工作计划，然后自己管理自己，完成既定目标。传统管理的办法，是自上而下进行的,优点是可以将公司目标进行层层分解,落实到部门和岗位,缺点是缺乏灵活性,目标是相对固定的,当外界环境的变化导致目标的不可行或者无法完成时,就会引起考核者与被考核者的矛盾,同时也很大程度地阻碍了员工的主动性与创新精神。

为了解决这样的矛盾,管理者要充分授权,给予员工更大的权利和自主空间,可以让员工制订弹性的工作计划,自己来安排完成目标的时间和方式,并可以在一定程度内进行目标调整,从而充分调动员工的积极性,激发员工的工作热情和创造性。

授权激励是指授予当事人更高或更重要的权利,激发当事人的潜力,取得更优异的成绩。一般来说,人都有进取心、成就感。职位越高、权力越大,掌握的资源也越多,也就越可能做出更优异的成绩。对某方面做得比较好的人,可以适当给予其更高的权利。这样,他获得成就感,自然投入更大的热情,调动更多资源做出更优异的成绩。可谓一举两得。

唐拉德·希尔顿是曾控制美国经济的十大财团之一、举世闻名的旅店大王、现在著名的希尔顿大酒店的创始人。在希尔顿的旅馆王国之中,许多高级职员都是从基层逐步提拔上来的。由于他们都有丰富的经验,所以经营管理非常出色。希尔顿对于提升的每一个人都十分信任,放手让他们在各自的工作中发挥聪明才智,大胆负责地工作。如果他们之中有人犯了错误,他常常单独把他们叫到办公室,先鼓励安慰一番,告诉他们:"当年我在工作中犯过更大的错误,你这点小错误算不得什么,凡是干工作的人,都难免会出错的。"然后,他再帮他们客观地分析错误的原因,并一同研究解决问题的办法。他之所以对下属犯错误采取宽容的态度,是因为他认为,只要企业的高层领导,特别是总经理和董事会的决策是正确的,员工犯些小错误是不会影响大局的。如果一味地指责,反而会打击一部分人的工作积极性,从根本上动摇企业的根基。希尔顿的处事原则使手下的全部管理人员都对他信赖、忠诚，对工作兢兢业业，认真负责。

正是由于希尔顿授权时对下属信任、尊重和宽容，使得公司上下充满和谐的气氛，创造了一种轻松愉快的工作环境，从而使希尔顿有可能获得其经营管理中的两大法宝——团队精神和微笑。

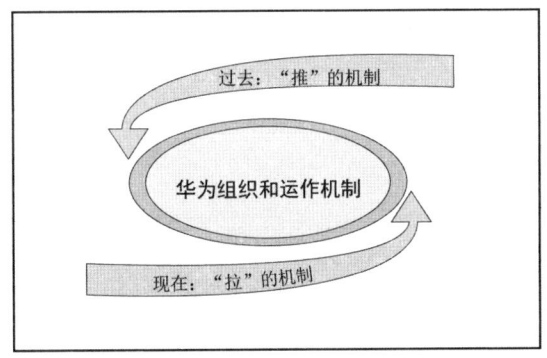

图 3.3 华为的组织和运作机制

任正非表示："北非地区部给华为提供了一条思路，就是把决策权根据授权规则授给一线团队，后方起保障作用。这样华为的流程优化的方法就和过去不同了，流程梳理和优化要倒过来做，就是以需求确定目的，以目的驱使保证，一切为前线着想，就会共同努力地控制有效流程点的设置，从而精简不必要的流程，精简不必要的人员，提高运行效率，为生存下去打好基础。

"用一个形象的术语来描述，我们过去的组织和运作机制是'推'的机制，现在我们要将其逐步转换到'拉'的机制上去，或者说，是'推''拉'结合、以'拉'为主的机制。'推'的时候，是中央权威的强大发动机在推，一些无用的流程、不出功的岗位，是看不清的。'拉'的时候，看到哪一根绳子不受力，就将它剪去，连在这根绳子上的部门及人员，并减去，组织效率就会有较大的提高。我们进步的改革，就是前端组织的技能要变成全能的，但并非意味着组织要去设备种功能的部门。

"基层作战单元在授权范围内，有权力直接呼唤炮火（指在项目管理上，依据 IBM 的顾问提供的条款、签约、价格三个授权文件，以毛利及现金流进行授权，在授权范围内直接指挥炮火，超越授权要按程序审批）。"

华为加大向一线的授权，让听得见炮火的一线组织和员工更有责、更有权。华为的这项"放权"行动，已经在一定程度上激活了一线做项目的组织，公司的管理成本明显降低，业绩也因此受惠。

一位华为人有这样的记录：

2004 年底，公司启动 AR 变革，因为主管对我的信任，我被指派去负责东欧地区部的 AR 变革推行工作。作为一个刚入职一年多的新员工，我就获得了向一线地区部总裁、代表处代表汇报工作的机会。在东欧工作期间，因为我的责任心和努力，新的主管对我很信任，给了我很多的授权，我也更加卖力，主动从主管的视角全盘考虑 AR 的管理工作，结果形成了一个良性循环：你越努力付出，主动思考得越多，就越能帮助部门分担压力，自己也就越能取得更好的工作成绩，成长机会也就越多。

此后在华为的日子里，我从来没有刻意去规划我的职业生涯，但在努力做好眼前工作的过程中，每一位新的部门主管，一次次给了我新的成长机会，从无例外。

授权不仅培养了员工的担当精神，更使员工在这种担当中得到了成长。通用电气（GE）首席教育官鲍勃·科卡伦认为，从长远来看，一定要关注企业所赋予员工的价值，他们从职业生涯中得到的不应仅是某个方面的专业知识，还要拥有智慧，而后者更为重要。他的理解是，只有在实践中遇到了问题并加以解决，才会得到智慧。"打个比方，如果告诉一个两岁的小孩子，别碰炉子，说上一百遍，他记住了，就会得到知识；但如果他碰了炉子，烫疼了，这时得到的就算是智慧了。"

最佳的学习方式就是亲自去做，而不是坐在教室里等着被告知该去干什么。GE 很多时候会把事情交给员工去做，加以进一步的关注，留意他们的反馈，鼓励员工在做事的过程中进行探索、去挑战自我，犯错误也是学习和发展的机会，但要有机制的保障，有问题及时发现，及时处理，并设定固定程序，防止这样的错误再次重复。

"一个员工在工作中犯了错误，我们不会生气；但如果在相同的情况下再次犯了相同的错误，我们会非常生气，因为这意味着他没有思考和进步。"

现代管理学之父德鲁克表示："要让员工知道自己所负责的工作对公司、对团队成功具有哪方面的意义。如果做砸了，对公司的损失是什么，对团队影响有多坏。这样很容易让员工对工作产生强的责任感。

"问题不在于员工需要多少信息，而在于企业为了自身利益，必须让员工了解多少信息。员工必须获得多少信息，才能承担企业要求他的绩效，以及应该什么时候获得这些信息。授权给员工之后，员工必须有能力控制、衡量和引导自己的表现，应该知道自己的表现如何，而不必等别人来告诉他。"

华为"获取分享制"

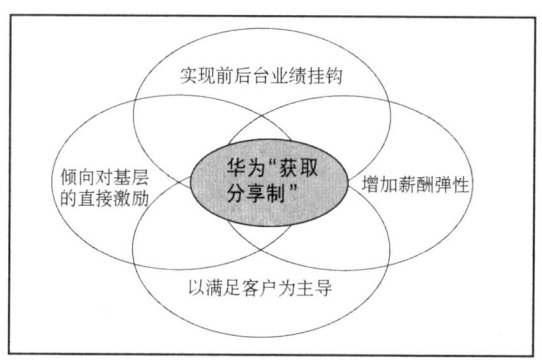

图 3.4 华为"获取分享制"

一、内容和目标：

华为"获取分享制"是指使任何组织与个人的物质回报都来自其创造的价值和业绩，作战部门（团队）根据经营结果获取奖金，后台支撑部门（团队）通过为作战部门提供服务分享奖金。

1.强化后台对前台一线的支撑力度，加强前后台岗位配合和流程效率提升，实现前后台业绩挂钩；

2.增加薪酬弹性，将员工利益与个人价值实现和贡献产出合理衔接，提高激励的有效性；

3.体现公司整体以客户需求的满足和客户体验的达成为导向；

4.实行"自下而上"的物质激励方式，对基层业务单元倾向直接激励。

二、计算方法

公司达到利润目标虽对员工予以经济奖励，但和基本工资、生活费用调整或永久增加业绩工资无关。人力资源用以下三种方式来决定利润分享的金额。

1. 固定比例法。公司根据成功达到目标的情况决定一个百分比，把这一百分比的税前或税后年利润作为利润分享的奖金。

2. 比例升级法。以之代替固定比例法。例如，公司可以决定，800万美元以内的利润，3%用于利润分享，超过800万的利润，6%用于利润分享。比例升级法的好处在于可以通过增加分享金额的办法，激励员工为超额利润目标而努力。

3. 获利界限法。只有在利润超过事先定好的最低标准并且低于最高标准的时候才进行利润分享。公司建立最低标准是为了在把利润分给员工之前保证公司对股东的回报。建立最高标准是因为为公司创造超过该标准的利润的因素不是员工的生产力或创造力，而是诸如技术革新这类因素。

三、"获取分享制"的优缺点

优点是有利于员工和公司双方。

缺点是如果利润分享计划占直接薪酬的比例较大时，员工很难预测自己的收入，可能削弱员工的经济保障。对公司而言，可能造成人才流失。

华为"获得分享制"的高级表现形式是员工股权计划（Employee Stock Option Plans）。

员工持股计划属于一种特殊的分享机制，是为了吸引、保留和激励公司员工，通过让员工持有股票，使员工享有剩余索取权的利益分享机制和拥有经营决策权的参与机制。

关于华为对"获取分享制"的观点，最初源于 2011 年的一次高管内部讨论，再就是任正非在人力资源工作汇报会上的一次讲话。近年，华为的高管在各种场合不遗余力地宣传着"获取分享制"，我们知道，利益机制的变革最容易引起员工的动荡，优秀人才又永远都是被外界虎视眈眈紧盯不舍的，如果因为不当的激励变革使优秀人才渐渐远去，企业的损失将难以估量。

（本文摘编自《揭秘华为"获取分享制"面纱》，来源：环球人力资源智库，2014）

第三章
目标激励：看到希望，才会尽力奔跑

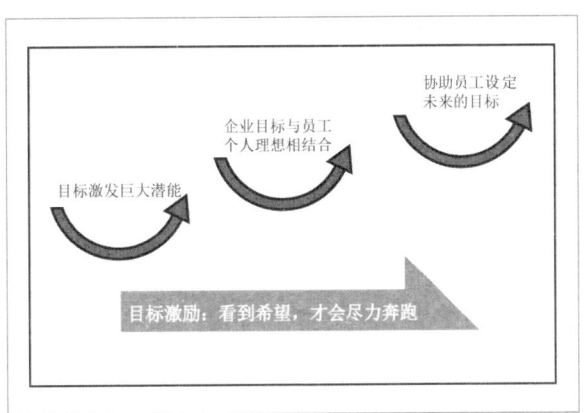

诚实地对待员工，让他们了解公司的目标，以及实现这些目标的过程。这本身就是对员工的一种极大的激励。

第一节 目标激发巨大潜能

一个老企业家的儿子问父亲怎么做管理？老企业家拿了一根绳子放在桌上，让他把绳子往前推。儿子就从后面往前推绳子，但怎么推都不行，一推绳子就弯了。这时候老企业家说，你从前面去拉这根绳子。儿子一拉就把绳子拉动了。老企业家说，管理其实非常简单，你需要用目标把大家拉动起来。

管理就是指出目标和方向。目标管理是推动企业或激励个人成长的最佳方法。

日本教授曾做过有关"目标"的实验，证实"目标"可以提升绩效，激发学生的潜力。

该实验是在两个班的高中体育课中进行的。先从第一班选出 60 名学生，每人发一支粉笔，令他们在墙壁前站成一排，然后测验者要求学生尽可能地往上跳，并在所跳的极限处，画一横线。

三天后，这 60 名学生再一次站到原地排成一排，测试者在每名学生当初用粉笔所画的高度记号的上方加一成各画一横线，并对他们说："我相信各位必然深藏潜力，深信可再跳高些。现在，各位努力向上跳的目标，是我所画的横线，请各位同学再次试试。"然后，令每人尝试再次跳高。

紧接着，又从第二班选出 60 名学生，指示他们依自己能力跳高，并加以记号。数日后，再次令他们跳高，但与第一班不同的是，并没有在其原来高度上方按比例再画一横线，只是对该班学生说请尽量跳得更高一点。学生依照指示跳高，测验者对他们的成绩进行测量，试图了解他们是否有进步。

针对第一班、第二班学生第二次的跳高结果，测验者访问学生："你是否满意自己二次跳高的成绩？"下表说明了两个班学生在有无目标之下的成绩对比。

班次	人数	第一次指示	第二次指示	第二次成绩超过第一次成绩10%者	对第二次成绩满意者
第一班	60人	尽可能地往上跳	在第一次记号上加一高度作为目标	25人	24人
第二班	60人	尽可能地往上跳	与第一次相同	10人	3人

由此可见，第一班学生在第二次跳高时，测验者给予学生具体的目标（画线记号），学生潜能被激发，努力完成，所以学生达到目标的比率明显较高；而第二班学生在跳高时，测验者只是口头漫不经心地说"尽量做吧"，由于学生缺乏目标，测验结果自然不理想。

根据实验结果显示，第二次成绩增加达第一次成绩 20% 以上的，第一班有 25 人，而第二班仅 10 人，但对第二次成绩满意者，第一班有 24 人，而第二班仅 3 人。测试结果明确地告诉我们，由于第二班没有具体的目标，所以即使有 10 名同学已达预定目标，依然无法产生成就感与满足感。反之，第一班学生由于已明确指示目标，所以，学生一旦达此目标，就可产生满足感。

由此可知，明确的具体目标对一个人潜能激发的影响是相当大的。

追求人力资源的增值恰好是华为的重要目标。华为强调人力资本不断增值的目标优先于财务资本增值的目标，并努力为员工提供成长和发展的机会，以激励员工。

如何利用目标激励，华为某产品硬件经理兼资源部门主管有过这样的总结：

> 对老员工有效的激励手段，对新入职的员工不一定是适用的。新员工需要的是建立共同目标、委派有挑战性的工作、提供学习和提高的机会。另外，调薪也是很有效的激励手段。
>
> 有些入职的新员工，有工作热情，但技能不足，为了让他们能够融入团队，认可华为文化，首先要树立共同的目标和愿景。因此，新员工到部门报到的第一件事，就是集中谈话，帮助其树立工作自豪感和责任感。
>
> 我们负责的产品属于高端数据通信设备，因此，根据我们产品的情况，通过例会、学习会和公告牌等形式，向新员工宣传我们产品取得的业绩以及未来的发展前景，使大家意识到我们正在从事着一个有意义的事业，我们打出的每一个市话，都是我们的产品所承载的。大家每次提及都充满了骄傲和自豪。鉴于我们产品的特殊性，这种激励效果是很有效的，新员工回家以后，或者和同学朋友交流的时候，往往会提到这些事情，由此充满了成就感。

 企业目标与员工个人理想相结合

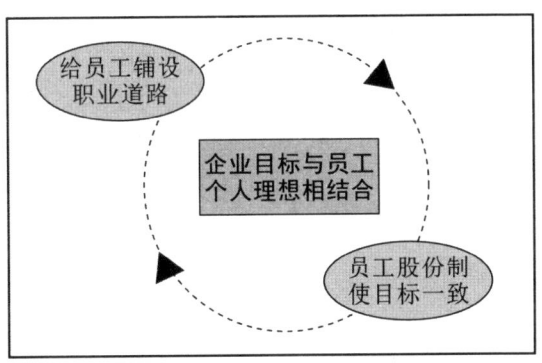

图 4.1 如何使企业目标与个人理想相结合

一家工厂的员工工作效率总难以提高，于是他们找到了管理大师史考伯。史考伯先生仔细考察该工厂后，问陪同的一个白班工人今天生产了几部暖风机。"6 部。"工人回答。史考伯不说一句话，在地板上用粉笔写下了一个大大的阿拉伯数字"6"，然后离开。夜班工人上班了，明白了地上的"6"的意思后，他们擦掉了"6"字，换上了自己当晚的工作成果"7"，第二天白天，白班工人已完成了 10 部暖风机的工作，"10"字代替了"7"字，就这样，从"6"开始，地板上的数字每天都是往上叠加着，工厂也恢复了生机与活力。

史考伯先生的成功之处，就在于给员工确立了一个奋斗的目标，将企业目标与个人的目标相结合，激发了员工内在的动力，也给他们提供了自我表现的机会。

企业的经营目标、项目推进目标能否实现，靠的是员工的认同与执行。

如何使企业目标成为员工自身的目标，让员工积极主动地推动并达成，是企业经营管理者与项目推动者需要关注的问题。

将企业目标整合到部门工作目标中去，整合到员工的个人目标中去，项目推动就成功了一大半了。

企业下达工作目标时，应该将其向员工的目标方向靠拢，制订有益于员工目标实现的执行、考核和激励方式，帮助员工将企业目标转化为员工的个人目标。指导员工通过完成企业工作目标来实现个人的目标，将企业目标与员工目标同一化，这样的激励效果是非常显著的。

职业道路的拓展性

浙江某科技公司，经过十余年的发展，在国内市场已经处于领先地位，公司员工由创业时的十几人发展到近千人。然而，其华南区分公司的业务却始终不尽如人意，在一年时间里，华南分公司已有数位高管相继离职。

对此，总公司十分不解。在公司总部，人员规模一直在增加，公司员工队伍却十分稳定。总公司特意派人飞赴广州，在一番考察之后，却并未发现华南分公司在公司架构、工作流程与销售渠道上存在任何不妥，那么究竟是什么原因使该分公司面临如此严重的人力资源危机？

原来，在这家公司创业初期，无论是技术人员还是市场销售人员，面对的都是一个全新的事物，但公司的骨干员工却是相关行业的精英人士，他们是在认同产品市场前景、对个人的职业发展有明确方向的情况下加入该公司的。而一般的员工，由于面对的是一个全新的产品，无成熟案例可循，因此该公司十分注重对员工的培训发展规划，使员工在企业中有足够的职业发展空间。尽管当时该公司薪水与相关行业相比处于中下水平，但由于员工职业规划与企业发展目标一致，员工对公司有强烈的归属感和认同感，这使员工一直保持创业初期的昂扬斗志。

而该公司华南区情况就大不相同了。一方面同类产品已得到了充分的市场认可，产品市场已有多家企业进入；另一方面，新员工要么冲着该公司的名气和薪资而来，要么对这个行业缺乏了解。显然，他们中的大多数都不明白自己在该企业的发展方向，自然也不会有明确的职业目标，在经历一些挫折后，部分员工选择了离开。对此，分公司对部分员工引导职业生涯规划，让员工的职业目标与企业发展目标相一致，如同该公司总部曾做过的一样——虽然当时是无意识而为的。

"薪水"是大多数人更换工作的首要因素，占被调查者回答的39%，第二个原因即"职业道路的拓展性"，以27%的投票率成为人们选择工作单位和评估所在企业的第二大标准。虽然员工是职业生涯规划的主体，但企业的人力资源管理部门同样也担负着为员工规划职业生涯的管理责任，从理念、制度、方法等层面对员工加以引导、保证和支持；各级管理者也负有沟通、辅导和帮助员工做好职业规划的责任。这是企业有效开发员工潜力资源的一种管理方式，能有效抑制企业与员工个体在目标整合上的偏差，并避免由此造成的员工工作主动性、积极性等因素的丧失。

2015年，华为公司董事、高级副总裁陈黎芳将华为的目标与员工的个人目标做了完美的结合："我们做了统计，2014年华为员工在全世界飞行了205个国家，飞行距离超过11亿公里，相当于绕地球两万八千多圈，往返月球一千五百次以上。华为人不是仅仅去世界看一看，而是服务于全世界超30亿人。

"华为收入规模在2014年的时候，是2880亿人民币。这个规模带动了近万亿规模的产业链，间接推动两百万以上的就业。

"国际电信联盟研究报告说，当地ICT投入每增长20%以上，就可以带动1%的GDP增长。所以，同学们，不知道你们愿不愿意加入华为，成为阿基米德杠杆的一个支点。

"只要是数据经过的地方，都有华为的产品和服务。令我个人最感动的，是华为这 28 年来所做的最大贡献——消除数字鸿沟。

"因为专注，因为创新，因为坚守责任，我们得到了世界的认可。全球 500 强榜，华为 2010 年第一次上榜排在 397 位，2015 年是 228 位，五年上升了 169 位。

"可能有同学会想，华为的发展是不是到了顶峰？ICT 行业是不是夕阳红了？我觉得对于这个问题，需要站在后天看明天。接下来的 10 年，华为预测，而且是获得外界一致认可的预测，全球连接数会达到 1000 亿。

"同学们，好日子才刚刚开始。"

管理者应当了解员工的理想，并努力将公司的目标与员工的理想结合起来，实现公司和员工的共同发展。每位员工都有自己的理想，如果他发现自己的工作是在为自己的理想而奋斗，就会焕发出无限的热情。

长期担任华为 COO（首席运营官）的毛生江把奋斗理解为对一个目标付诸努力，没有奋斗就不会有结果。他讲述了自己的经历：

我在山东代表处的时候，当时目标就是要山东每一个地区都有华为的产品。或许在今天看来这很平常，但当时华为还是一家很小的公司，所以是很难很难的。我记得刚走向市场岗位时，有一次见一位省电信部门的局长，我跟他说："局长您好，我是华为公司的，想跟您聊几句。"局长说："华为公司是做什么的？有什么事找我们科长就可以了。"这让我很受挫，当时我就立志改变这一切。

在没有机遇的时候我们应该做好一切准备，当机遇来临的时候我们才能抓住它。对于年轻人来讲，多去学习，打好基础，提升自己的能力和准备是非常重要的。比如你很喜欢销售，你可以多去学习和了解，可能有一天，别人看到你在销售方面有才能就会让你去做一个项目，你的机会就来了。

现任教于瑞士圣加勒大学、奥地利因斯布鲁克大学和维也纳经济大学的欧洲管理学大师弗洛蒙德·马里克（Fredmund Malik）认为，有效的经理人或真正的领导给人们分配任务的时候，应该清楚地说明该项任务的意义。意义是最关键的因素，是最持久和最有效的激励因子，与之相比，其他任何东西都显得不重要。他主张，最重要的是给予人们一个机会，使他们看到他们所做的事情的意义和目的。用尼采的话说："如果你明确人生的目标，几乎就能忍受任何工作方式。"弗洛蒙德·马里克解释说，当人们再也看不见目的的时候，或者失去意义的时候，对如何做会麻木不仁，不管这件事有多精彩。

现在很多公司的员工对公司没有认同感，把公司当做暂时的避风港，公司也只是把员工当做赚钱的工具。而在任正非看来，华为就是一个大家庭，他要求所有华为人都必须认同华为文化，遵守华为文化的要求，就像他在对新员工的致辞时说的："我们将与您共同努力，开创华为的未来。否则华为是不欢迎你的。"

实际上，任何一个成功的企业团队都在不断强化对员工的信念教育和精神激励。海尔公司在塑造共同愿景时就曾提出："个人生涯计划与海尔事业规划的统一。"张瑞敏认为，海尔要实现企业的总体目标，首先要实现员工个人生涯计划与海尔事业规划的统一。五粮液集团公司提出的共同愿景中有三句话"员工富、企业强、社会贡献大"，以其博大丰富的思想内涵、强烈的情感共鸣得到广大员工的认同和自觉践行。因为，企业的基础是个人，没有个人能力的发挥，企业就不能成为一个有机体，也就不可能形成企业活力。

员工股份制

任正非在其文章《华为的红旗到底能打多久》中这样写道："公司的竞争力成长与当期效益是矛盾的，员工与管理者之间是矛盾的……这些矛盾是动力，但也会形成破坏力，因此所有矛盾都要找到一个平衡点，驱动所有人为之共同努力。管理者与员工之间矛盾的实质是什么呢？其实就是公司目标与个人目标的矛盾。公司考虑的是企业的长远利益，是不断提升企业的长期竞争力。员工主要考虑的是短期利益，因为他们不知道将来还会不会在华为工作。解决这个矛盾就是要在长远利益和眼前利益之间找到一个平衡点。我们实行了员工股份制。员工从当期效益中得到工资、奖金、退休金、医疗保障，从长远投资中得到股票分红，从而避免了员工的短视。"

任正非一直承认矛盾，但并不认为矛盾不可转化，不可协调，是非此即彼的关系。任正非是善于解决矛盾的高手，如当初公司高成本、低产出的矛盾，国内市场与海外市场的矛盾等等，他都能化对立为统一，很好地协调了这些矛盾。为了协调好长期利益与短期利益的关系，华为在建立之初就实行了员工持股制度，从开始的6人持股发展到公司几万人持股。据华为内部员工透露，华为吸引人的不是工资、奖金而是年终的股票分红。在2002年以前，华为执行"1元1股"的做法，每年员工从华为得到的固定分红，一度高达每股0.7元，投资回报率高达70%。由于股票分红同公司的年销售额紧密相关，员工持股的制度无疑是把员工个人的眼前利益与公司的长远利益这一矛盾由对立转化为统一，很好地协调了起来，加强了员工对公司的归属感。

 **第三节** 协助员工设定未来的目标

在任何一个企业或者组织机构中，谁掌握的资源最多？谁最有"权力"动用这些资源？当然是这个企业或者组织的管理者，特别是高层管理者。对于下属来说，管理者总是比下属掌握更多的信息，更多的资源，更高的视野。因此，如果管理者不能在下属实现目标的过程中给予帮助和指导，不去为下属扫清工作中的障碍，管理者就没有完成管理的任务。管理者需要做的是协助员工设定未来的目标。

诚实地对待员工，让他们了解公司的目标，以及实现这些目标的过程。这本身就是对员工的一种极大的激励。

仅仅从企业的目标去考虑问题，甚至连部门目标都不去考量，更不用提员工个人目标，这样的项目和工作，在执行过程中必然会遇到各部门和执行员工的抵触与反弹，更不必去谈那些连企业目标、项目本身尚不曾详细了解的情况。如此推行工作，只能是单方面的从上向下的镇压，主动性无从讲起，稍有监督疏忽，项目和工作必然是不了了之的结局。

协助员工设定未来的目标，其中最重要的一个手段就是帮助员工进行职业生涯规划。

沈阳华为人力资源部与几名递交辞职申请的工程部员工进行了多次交流。通过访谈与分析，他们发现"对个人发展前景不乐观"是其中较具共性的主要辞职原因。这引起了沈阳华为工程部与人力资源部各级主管的不断反思。

经过分析，他们认识到公司对工程师的正向激励与引导不足，导致工程师平时工作压力较大，组织气氛受到影响。对员工没有实施有

效的任职资格管理，员工很难看到标准的职业要求是什么，对自己的任职能力盲目自信与乐观。其中，沈阳华为人力资源部更看到了工作中最主要的失误：没有注重员工在公司内部的职业生涯规划，在通过梯队建设激发团队活力方面重视程度不够。

职业生涯规划是主管与员工共同探讨员工在公司内部的职业发展历程、明确发展目标、实现员工在公司内部的自我发展与企业发展相结合的一个过程。之后，他们进行了这样的调整：

通过分析与研究，我们于五月份开始在工程部推行员工职业生涯规划与梯队建设，出台了一系列政策，采取了以下措施。

第一，培育第二梯队，以梯队建设促进团队活力。人力资源部与工程部共同制订了用人计划，明确提出在保持现有人员总量的前提下，随着深圳华为工程师逐步撤回公司，沈阳华为技术支援队伍将逐步取代深圳华为队伍。

第二，建立内部岗位调度制度，为优秀员工内部流动创造条件，为员工在公司内部的生涯发展提供职业发展通道；通过持续不断的努力，使公司的人力资源配置永远处于激活状态。

对任职资格达标，在现岗位业绩显著且希望调动岗位的员工，公司可以在有职位空缺的前提下，提供内部岗位调动机会，但任何时候任何干部均不得擅自对员工给予岗位调动承诺。

第三，建立主管与员工的职业生涯规划沟通制度。主管每年与员工就个人在公司内部的职业发展进行双向交流。在最近的交换接入网产品工作例会上，工程部经理与该产品线的员工进行了类似的交流，取得了较好的效果。

第四，推行任职资格认证。任职资格认证的目的在于鼓励员工"干一行，爱一行"，在个人所从事的领域成为专家。公司提供同一职位的不同专业水平阶梯，并辅之以薪酬政策，实现员工个人职业生涯规划的另一种突破——除了向管理层方向发展之外，还可以选择专业技术领域的深入发展。

第五，职业生涯规划不仅适用于核心业务部门员工，同样，对行政后勤服务员工，也可以考虑通过岗位技能等级制度评定的方式来实现对员工的职业发展规划。让员工不仅仅可以在公司打工挣钱，养家糊口，而且还能看到个人发展的空间。除了挣钱之外还会感到有奔头，有发展。我们鼓励勤勤恳恳、踏踏实实工作的基层员工，建立基层的行政后勤员工岗位技能等级制度，鼓励员工通过技能与岗位等级的不断提升来实现在公司的发展。

华为公司的发展要求华为人必须围绕公司的目标去调整和修正个人的目标。华为很早就提出了"做世界级领先企业"的目标，这个目标随着华为对国际市场认识的加深以及产业环境的变化，逐渐得到明确。十几年来，华为的基础提高了，但是这个产业中"世界级领先企业"的标准也变化了。这像是一场类似奥林匹克"更高、更快、更强"的精神的角逐，也许这个角逐永远都不会停息，因此作为角逐者的华为人也要有持续的自我牺牲精神，并从中得到个人价值的体现。

有一位在华为工作了九年的俄罗斯员工，在这方面堪称表率。

作为在华为工作的第一批外籍员工，已经年近五十岁的他经常加班到深夜，已经四年没有休过假。有一次主管和他谈起准备安排他到深圳工作一年时间，以促进总部对独联体市场的了解。他思考了一会儿，诚挚地对我说，"我的母亲现在从乌法搬到了莫斯科，我的儿子大学毕业了，能够照顾我的母亲，因此只要公司需要,我随时都可以到深圳工作。"主管问他是否担心作为一个外国人在深圳生活会很孤独,他说:"任何伟大的品格都是在孤独中造就的,任何伟大的事业都是在牺牲中完成的。"他永远怀着一颗感恩的心去总结往事,也永远怀着一颗积极的心去憧憬未来,对中国员工都有很大的触动和感染。他经常给新员工强调一句话:不要先问公司为你提供了些什么,要先问问自己给公司做出了些什么。

给予人才认同感

德国著名管理学家赫尔茨伯格通过发给员工调查问卷表格分析数据，提出了"动力保健"理论。他认为，在工作中有两类激励因素：第一类因素是与激励有关的因素，它们是成就、赞誉、工作本身、责任、进步和成长。这些因素积极地激励着员工去工作和生产。但是，第二种被称为"保健因素"的因素更是必不可少。这些因素从本质上与激励是毫无关系的。但是，缺少这些因素将会造成员工的不满。这些因素涉及管理、公司政策、与管理人员的关系、薪水、工作条件、地位、安全和个人生活。据此他认为，薪酬是吸引人才的一个重要因素，但决定员工最后选择的往往是企业整体的环境，即人才对企业的认同感。在一些企业，他们的薪酬政策是给最优秀的人才支付最有竞争力的薪酬，他们认为他们的人才是最优秀的，薪酬当然是最好的。若在另外一些企业里，他们可以支付很高的薪酬，但是他们在薪酬支付上不占优势，却同样可以吸引到最优秀的员工，企业的文化、企业的名气、员工在企业的发展机会、企业经营业绩，这些因素使员工并不会因为企业的薪酬不是最高而不加入这个企业。

如何增强人才和员工对企业的认同感？国际著名管理顾问尼尔森为我们提供了五个不须任何花费的方法：

华为员工激励法

一、有趣及重要的工作：每个人至少要对其工作的一部分有高度兴趣。对员工而言，有些工作真的很无聊，管理者可以在这些工作中，加入一些元素激励员工的工作，此外，让员工离开固定的工作一阵子，也许会提高其创造力与生产力。

二、让资讯、沟通及回馈管道畅通无阻：员工总是渴望了解如何从事他们的工作及公司营运状况，管理者可以以告诉员工公司利益来源及支出动向为开端，提供许多沟通渠道让员工获得资讯，并鼓励员工问问题及分享资讯。

三、参与决策及归属感：让员工参与对他们有利害关系的企业决策，这种做法表示对他们的尊重及处理事情的务实态度，当事人（员工）往往最了解问题的状况、如何改进的方式以及顾客心中的想法。当员工有参与感时，对工作的责任感便会增加，也较能轻易接受新的方式及改变。

四、独立、自主及有弹性：大部分的员工，尤其是有经验及工作业绩杰出的员工，非常重视私人的工作空间，所有员工都希望在工作上有弹性，如果能提供这些条件给员工，会相对增加员工实现工作目标的可能性，同时也会为工作注入新的理念及活力。

五、增加学习、成长及负责的机会：管理者对员工的工作表现给予肯定，每个员工都会心存感激。大部分员工的成长来自工作上的发展，工作也会为员工带来新的学习以及吸收新技巧的机会，对多数员工来说，得到新的机会表现个人能力、有学习与成长的体验，是最好的激励方式。

尼尔森认为，为顺应未来趋势，企业经营者应立即根据企业自身的条件、目标与需求，发展出一套低成本的肯定员工计划。他的看法是，员工在完成一项杰出的工作后，最需要的往往是来自上司的肯定，而非只是调薪。

尼尔森特别强调，赞美员工需符合"即时"的原则。管理者应做到在每天工作结束前，花短短几分钟写个便条对表现好的员工表示称赞；通过走动式管理的方式看看员工，及时鼓励员工；抽空与员工吃个午餐、喝杯咖啡；公开表扬、私下指责等，只要多花一些心力，员工就能受到莫大的鼓舞，使工作成效大幅提升。

（本文摘编自《工作分析：引爆员工潜力》，来源：中国人力资源开发网，2006）

第四章
考核激励：保障激励的有效性

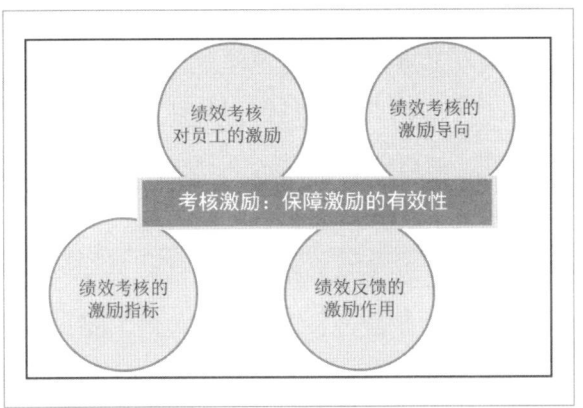

激励与考核，有人将两者比作经营管理的孪生兄弟，有人将两者比作管理者的左膀右臂，有人将两者比作高悬于员工头上的"胡萝卜"与"大棒"。在某种意义上，激励与考核既是一对共生体，又是一对矛盾体，但是无论怎样，这两者永远是组织运作中最难以被忽视的话题。因而，如何保证激励与考核相辅相成、相得益彰，成为企业管理者或团队领导者必须要思考的问题。

第一节 **绩效考核对员工的激励**

　　有的企业做了企业绩效管理但是没效果，只是浮于形式，没有真正的考核价值，导致这些问题的原因可能是很多企业管理者只看到绩效管理约束员工、处罚员工的一面，却没有看到绩效管理对员工激励、引导、支持的作用。

　　激励和奖励员工是绩效考核的主要目标之一。当资源是可见的，容易受监控；而人力资源及智力是不可控的，因此管理的难度增加，激励变得尤其重要。只有通过考核，才有激励和奖励员工的依据。通过一个增强的环路回馈，使高绩效员工保持高绩效，令后进者向往并主动改善绩效。

　　下面有一个故事：

　　　　黑熊和棕熊喜食蜂蜜，都以养蜂为生。它们各有一个蜂箱，养着同样多的蜜蜂。有一天，它们决定比赛看谁的蜜蜂产的蜜多。

　　　　黑熊想，蜜的产量取决于蜜蜂每天对花的"访问量"。于是它买来了一套昂贵的测量蜜蜂访问量的绩效管理系统。在它看来，蜜蜂所接触的花的数量就是其工作量。每过完一个季度，黑熊就公布每只蜜蜂的工作量；同时，黑熊还设立了奖项，奖励访问量最高的蜜蜂。但它从不告诉蜜蜂们它是在与棕熊比赛，只是让蜜蜂们比赛访问量。

棕熊与黑熊想的不一样。

它认为蜜蜂能产多少蜜，关键在于它们每天采回多少花蜜。花蜜越多，酿的蜂蜜也越多。于是它直截了当告诉众蜜蜂：它在和黑熊比赛看谁产的蜜多。它花了不多的钱买了一套绩效管理系统，测量每只蜜蜂每天采回花蜜的数量和整个蜂箱每天酿出蜂蜜的数量，并把测量结果张榜公布。它也设立了一套奖励制度，重奖当月采花蜜最多的蜜蜂。如果一个月的蜂蜜总产量高于上个月，那么所有蜜蜂都受到不同程度的奖励。

一年过去了，两只熊查看比赛结果：黑熊的蜂蜜不及棕熊的一半。

黑熊的评估体系很精确，但它评估的绩效与最终的绩效并不直接相关。黑熊的蜜蜂为尽可能提高访问量，都不采太多的花蜜，因为采的花蜜越多，飞起来就越慢，每天的访问量就越少。

另外，黑熊本来是为了让蜜蜂搜集更多的信息才让它们竞争，由于奖励范围太小，搜集更多信息变成了相互封锁信息。蜜蜂之间竞争的压力太大，一只蜜蜂即使获得了很有价值的信息，比如某个地方有一片巨大的槐树林，它也不愿将此信息与其他蜜蜂分享。

而棕熊的蜜蜂则不一样，因为它不限于奖励一只蜜蜂。为了采集到更多的花蜜，蜜蜂相互合作，嗅觉灵敏、飞得快的蜜蜂负责打探哪儿的花最多最好，然后回来告诉力气大的蜜蜂一齐到那儿去采集花蜜，剩下的蜜蜂负责贮存采集回的花蜜，将其酿成蜂蜜。

虽然采集花蜜多的能得到最多的奖励，但其他蜜蜂也能捞到一点好处，因此蜜蜂之间远没有到人人自危、相互拆台的地步。

由于乐队指挥者的指挥才能不同，乐队也会有不同的表现：或者演奏得杂乱无章，或者表现出激情与才华。

激励是手段，激励员工之间竞争固然必要，但相比之下，激发起所有员工的团队精神尤显关键。绩效评估是专注于活动，还是专注于最终成果，管理者须细细思量。

一个新员工刚进到公司，开始是积极、向上的，八点上班他七点半就到，晚上下班以后还照样在办公室加班，但当一个新士兵变成一个"兵痞"，他就缺乏活力与激情了。当一匹马从战马变成懒马，变成病马的时候，这个马群一定会出现类似于传染病一般的惰怠与散漫行为，普遍的不想作为。

要摆脱这种现象，最见效的方法就是制定合理的激励目标。目标就是期望的成果，不管是个人、部门还是整体努力的结果。目标不仅仅为管理决策层指明方向，还可以为员工提供一种衡量实际绩效的标准，目标管理的考核方法能对员工产生巨大的激励作用。目标确定后，它能使员工明确方向看到前景，因而能起到鼓舞人心、振奋精神和激发斗志的作用；而在目标执行的过程中，由于制定目标具有先进性和挑战性，因而有利于激发员工的积极性和创造性；当管理层和员工实现目标后，由于愿望和追求得到满足，员工也看到自己的工作成绩，会从心理上产生一种满足感和自豪感，这样就会激励员工以更大的热情和信心去承担新的任务以达到新的目标，形成良性循环体系。

其实并不存在一个所谓的"合理的"绩效目标。我们来看一个开餐馆的个体老板：他早上五六点起床卖早点，晚上十点多还在卖夜宵，却从来没有人给他设定绩效目标，也没有 PBC。道理谁都知道，因为赚的钱都是他自己的。这说明：绩效管理要有效，根本作用还是激励，激励到位了，目标到底是多少，也就并不重要了。这个餐馆老板，他只要把他的全部资源（店面、人力、食材、手艺、时间等）都充分利用了，满足了大多食客的吃饭需求，有了最大的收入和利润就行了。

所以说，企业管理真正要"有效"，并不仅仅在于绩效管理有多么"科学合理"，而是其背后的激励作用。

设定绩效目标还有必要吗？回答是肯定的。设定绩效目标的目的就是：上下级之间明确工作方向和重点，保证战略和目标的分解一致。这个才是绩效目标设定的重点，至于目标值，它只是一个假设的期望，而这个期望是否合理，只有天知道。因为市场环境、政治经济环境、天灾人祸，都不是设定绩效目标的人可控的。正所谓：谋事在人，成事在天。这就从一个侧面解释了公司中高层的绩效目标往往上半年都过去了还没有完成沟通签字，但是这并没有使各部门的工作陷于停滞，比如市场一线的每一个人都知道：市场就是要订货、收入、回款、利润，越多越好，越快越好；挣得多，分得多。

另外，为了激励员工获取最佳绩效，还有一件很重要的事情要做，那就是管理层必须对自己的工作绩效提出高标准。德鲁克解释道："因为较好的管理职能，是决定员工能否达到最佳绩效的关键。最打击员工士气的事情莫过于，管理者像无头苍蝇般瞎忙时，员工却闲在那儿无所事事。无论员工表面上多么庆幸可以领薪水不做事，在他们眼中，这充分显现了管理者的无能。

"妥善拟订进度，让员工随时都有事可做，并不是一件小事；让设备保持在一流状态，勤于保养，或在机器有故障时，能立刻修好，也不是小事一件。最能激励员工绩效的就是把内部管理事务处理得无懈可击，通过这些活动向员工展现管理者的才干和他对待工作的认真态度，也直接反映出管理者的能力和标准。"

在华为，绩效管理系统的关注点是把员工日常工作和个人努力相结合，以实现企业整体的目标。只靠绩效评价一个环节，是无法达成绩效改进的，绩效管理是必要的。华为员工想要走向职业化，为公司创造更多价值，那么绩效管理就是实现这个目标的工具。

是否必须有亮点和表扬信，绩效才会好？是不是只有加班多，工作量大，绩效才会好？

华为公司对绩效的定义如下：

> 绩效不仅仅是看销售额，而是看员工在本岗位担负责任的有效产出和结果。

 **绩效考核的激励导向**

18 世纪末期，英国政府决定把犯了罪的英国人统统发配到澳大利亚去。一些私人船主承包从英国往澳大利亚大规模运送犯人的工作。英国政府实行的办法是按上船的犯人人数支付船主费用。当时那些运送犯人的船只大多是一些很破旧的货船改装的，船上设备简陋，没有什么医疗药品，更没有医生，船主为了牟取暴利，尽可能地多装人，船上条件十分恶劣。一旦船只离开了岸，船主按人数拿到了政府的钱，对于这些人能否远涉重洋活着到达澳大利亚就不管不问了。有些船主

为了降低费用，甚至故意断水断食。3 年以后，英国政府发现：运往澳大利亚的犯人在船上的死亡率达 12%，其中最严重的一艘船上 424 个犯人死了 158 个，死亡率高达 37%。英国政府费了大笔资金，却没能达到大规模移民的目的。

英国政府想了很多办法。每一艘船上政府都派一名官员监督，再派一名医生负责照顾犯人、保证医疗卫生，同时对犯人在船上的生活标准做了硬性的规定。但是，死亡率不仅没有降下来，有的船上的监督官员和医生竟然也不明不白地死了。原来一些船主为了贪图暴利，贿赂官员，如果官员不同流合污就被扔到大海里喂鱼了。政府支出了监督费用，却照控制不了死亡率。

政府又采取新办法，把船主都召集起来进行教育培训，教育他们要珍惜生命，要理解去澳大利亚开发是为了英国的长远大计，不要把金钱看得比生命还重要。但是情况依然没有好转，死亡率一直居高不下。

一位英国议员认为是那些私人船主钻了制度的空子。而制度的缺陷在于政府给予船主报酬是以上船人数来计算的。他提出从改变制度开始：政府以到达澳大利亚的人数为准计算报酬，不论你在英国上船装多少人。

问题迎刃而解。船主主动请医生跟船，在船上准备药品，改善生活，尽可能地让每一个上船的人都健康地到达澳大利亚。一个活人就意味着一份收入。

自从实行上岸计数的办法以后，船上的死亡率降到了 1% 以下。有些运载几百人的船只经过几个月的航行竟然没有一个人死亡。

这个故事告诉我们，绩效考核的导向作用很重要，企业的绩效导向决定了员工的行为方式。如果企业认为绩效考核是惩罚员工的工具，那么员工的行为就是避免犯错，而忽视创造性，忽视创造性，就不能给企业带来战略性增长，那么企业的目标就无法达成；如果企业的绩效导向是组织目标的达成，那么员工的行为就趋于与组织目标保持一致，乐于分解组织目标，理解上级意图，并制订切实可行的计划，与上级达成绩效合作伙伴，在上级的帮助下，不断改善，最终支持组织目标的达成。

以前华为为了生存，制定了以销售为导向的考核要素、待遇向一线倾斜的机制，导致有能力的人不到策划部来，策划部也留不住有能力的人。

为了解决这种状况，任正非强调均衡发展。任正非在其《华为的冬天》一文中这样写道：

要坚持均衡发展，不断地强化以流程型和时效型为主导的管理体系的建设，在符合提升公司整体核心竞争力的条件下，不断优化你的工作，提高贡献率。为什么要解决短木板呢？公司从上到下都重视研发、营销，但不重视理货系统、中央收发系统、出纳系统、订单系统等很多系统，这些不被重视的系统就是短木板，前面干得再好，后面发不出货，还是等于没干。因此全公司一定要建立起统一的价值评价体系，统一的考评体系，才能使人员在内部流动和平衡成为可能。比如有人说我搞研发创新很厉害，但创新的价值如何体现？创新必须转化成商品，才能产生价值。因此要建立起一个均衡的考核体系，才能使全公司短木板变成长木板，桶装水才会更多。

华为的绩效考核依照分级、分类原则。

高层领导：关注长期综合绩效目标的达成和对公司长期利益的贡献，重视团队建设和干部后备队建设，不断提升领导力素质，确保公司的可持续发展。

中高层主管：兼顾中长期绩效目标的达成和业务规划的有效落实，

关注团队管理、干部员工培养和业务运作，提高业务和干部培养的成功率，使之带领的团队能持续地产生更大的绩效。

中基层员工：关注本职岗位上短期绩效目标的达成和过程行为的规范，强调实际任务的完成和绩效不断改进。

第三节 绩效考核的激励指标

在推动企业有效经营并持续提升企业竞争力方面，绩效考核与绩效管理无疑能够发挥十分重要的促进作用。正如世界第一经理人、通用电气（GE）前CEO杰克·韦尔奇所说的："如果说，在我奉行的价值观里，要找出一个真正（对企业经营成功）有推动力的，那就是有鉴别力的考评（即绩效考核）。"杰克·韦尔奇自喻自己是一个区别考评（绩效考核）制度的狂热支持者，因为他曾亲眼看见，绩效考核把一些公司从默默无闻提升到卓越的层次。为此，杰克·韦尔奇将实施绩效考核列为企业经理人必须履行的任务，他提出：他们（职业经理人）要清楚地辨别出，哪些员工或哪些业务取得了出色的成绩，哪些表现最差；他们要扶持强者的成长，把缺乏效率的部分剔除出去，只有这样，公司才能争取赢的结局。反之，如果对每一项工作和每一位员工都不做区分，像天女散花一样随意分配企业的资源，则只能让公司遭受损失。

当然与员工绩效相关的要素是多样的，绩效考核并不是要对所有的绩效要素做山全面的评价，有些要素只能通过其他价值评价体系（如素质评价，任职资格评价等）来完成。在此适用的原则是：在把握绩效考核的基本理念前提下，缺什么，就考什么；想得到什么，就考什么；考什么，就能得到什么。而关键绩效指标就是实施这一原则的成功思路。

关键绩效指标（KPI）是对公司及组织运作过程中关键成功要素的提炼和归纳。因此，关键绩效指标具有以下特征：

1. 将员工的工作与公司远景、战略与部门相连接，层层分解，层层支持，使每一位员工的个人绩效与部门绩效，与公司的整体效益直接挂钩。

2. 保证员工的绩效与内外部客户的价值相连接，共同为实现客户的价值服务。

3. 员工绩效考核指标的设计是基于公司的发展战略与流程，而非岗位的功能。

所以，关键绩效指标与一般绩效指标相比，把个人和部门的目标与公司整个的成败联系起来，就更具有长远的战略意义。因为关键绩效指标体系集中测量我们需要的行为，而且，由于其简单明了，少而精，就变得可控与可管理。对于员工而言，关键绩效指标体系使得员工按照绩效的测量标准和奖励标准去做，真正发挥绩效考核指标的牵引和导向作用。

KPI法符合一个重要的管理原理——"二八定律"。在一个企业的价值创造过程中，存在着"80/20"的规律，即20%的骨干人员创造企业80%的价值；而且在每一位员工身上"二八定律"同样适用，即80%的工作任务是由20%的关键行为完成的。因此，必须抓住20%的关键行为，对之进行分析和衡量，这样就能抓住业绩评价的重心。

从组织结构的角度来看，KPI系统是一个纵向的指标体系：先确定公司层面关注的KPI，再确定部门乃至个人要承担的KPI，由于KPI体系经过层层分解，这样，就在指标体系上把战略落到"人"了。而要把战略具体落实，需要"显性化"，要对每个层面的KPI进行赋值，形成一个相对应的纵向的目标体系。所以，在落实战略时有"两条线"：一条是指标体系，是工具；另一条是目标体系，利用指标工具得到。

绩效管理，原则上是由上对下进行。所以在考核环节，基本上是华为的管理层对下属做考核，下属给予反馈，结合双向沟通。获得考核结果后，管理者还要将其及时与激励制度和能力发展计划挂钩才能发挥作用。

华为员工的绩效加薪、浮动薪酬也都以此为依据，这保证了绩效激励的效果。

华为的绩效考核分为 A、B、C 三个档次，每年每个档次的总绩效奖金差别在 5000 元以上。

绩效考核按照员工比例来固定分配，A 档次一般占员工总数的 5% 左右，B 档次占 45%，C 档次占 45%，还有 5% 的员工将被视作最后一档，有可能是将要被淘汰的那一部分。

连续几个月获得 C 或者待查的员工，不仅拿不到奖金，也意味着将被内部调岗或者降薪，对于员工来说，被调动到工资低的岗位或者降低工资，收入损失都不小。

这样做最大的好处就是增加了企业决策的透明度，让员工对自己过去一年的成绩有一个清晰的认识，优势和短处都在绩效考核的结果中一目了然，对今后的一年也能有个明确的目标；同时，培训部门从中也能够获得比较准确的信息，分析出员工绩效不理想或欠缺所在，总结并制定出优先的培训需求；在后备干部队伍选拔方面，也可以从绩效记录中获得很强的支持，因为一个员工连续几年的绩效表现通常预示着其在未来的潜力发展方向。如果每年的绩效考评结果都存在很大的反差，那么说明该员工很不稳定，应该对其多加压力，培养其良好的心理承受能力和处事的风格。

考核员工的绩效，往往是领导根据员工是否按质按量地完成工作而确定的。而能够按质按量地完成工作，就意味着员工必须加班，才能跟上华为的快节奏，不至于成为整个工程环节的拖后腿者。

对于不同部门华为都有相应的一套考评标准，这些标准经过长期依赖的规范化和系统化，变得可操作性特别强，而且考核过程也是全面的、系统的。

例如在对营销人员绩效进行考核时，考核人员要求营销人员首先要提交考核申请，考评员再分两次对申请人进行考核。第一次考核主要是考核对象与考评人的沟通，这次考评人主要是考核对象的直接上级。与上级的沟通主要表现在：共同确定工作计划、勤于请教上级和自我评价。二次考核主要是对第一次考核的审核，审查上次考核是否符合规范、可信。两次考核结束后考核人员最后还要接受市场部干部的监督与认证。

目前华为采用的是季度考核、年度总评的方式。工作业绩考核主要围绕季度工作目标与目标完成情况，根据考核标准进行等级评定。任职资格主要围绕行为标准，通过证据对申请人达标与否进行认证。

日报、周报、月报、季报和与之相适应的阶段性考核，保证了主业的不断增长和员工"阶段性成就欲望不断得到满足"。因为任正非相信：如果华为有一天停止了快速增长，就会面临死亡。只要主业还充满活力，团队就有强凝聚力，员工就会拼命而乐此不疲。

完善的制度，严格的考核保证华为制度化用人战略的实施，为华为打造营销铁军提供了制度保障。

《华为公司基本法》中规定："员工和干部的考评，是按明确的目标和要求，对每个员工和干部的工作绩效、工作态度与工作能力的一种例行性的考核与评价。工作绩效的考评侧重在绩效的改进上，宜细不宜粗；工作态度和工作能力的考评侧重长期表现上，宜粗不宜细。考评结果要建立记录，考评要素随公司不同时期的成长要求应有所侧重。在各层上下级主管之间要建立定期述职制度。各级主管与下属之间都必须实现良好的沟通，以加强相互的理解和信任。沟通将列入对各级主管的考评之中。"并以此作为华为公司的基本考核方式。

华为公司的绩效管理强调以责任结果为价值导向，力图建立一种自我激励、自我管理、自我约束的机制。通过管理者与员工之间持续不断地设立目标、辅导、评价、反馈，实现绩效改进和员工能力的提升。

通过对考核结果的评定和处理，员工和公司都可以从中发现很多问题和今后努力的方向，这样也能让员工更有动力来完成公司的目标。

第四节 绩效反馈的激励作用

绩效反馈是绩效管理过程中的一个重要环节。它主要通过考核者与被考核者之间的沟通，就被考核者在考核周期内的绩效情况进行面谈，在肯定成绩的同时，找出工作中的不足并加以改进。绩效反馈的目的是为了让员工了解自己在本绩效周期内的业绩是否达到所定的目标，行为态度是否合格，让管理者和员工双方达成对评估结果一致的看法；双方共同探讨绩效未合格的原因并制订绩效改进计划，同时，管理者要向员工传达组织的期望，双方对绩效周期的目标进行探讨，最终形成一个绩效合约。由于绩效反馈在绩效考核结束后实施，而且是考核者和被考核者之间的直接对话，因此，有效的绩效反馈对绩效管理的激励效果起着至关重要的作用。

不管考核期限有多长，管理者对下属的反馈应该是每天都在进行，时时都在进行。这种反馈必须是长期不间断的行为。

通常，绩效反馈有两种方式：团队反馈与一对一反馈。

团队反馈，是指一个人给大家反馈。一对一反馈，则是一个人给另一个人进行反馈。这种反馈比较难。在工作中，管理者最怵的就是正视对方的眼睛，告诉对方："你干得真好，我真为你骄傲。"或者看着对方的眼睛说："你这事做得真让我感到失望。"

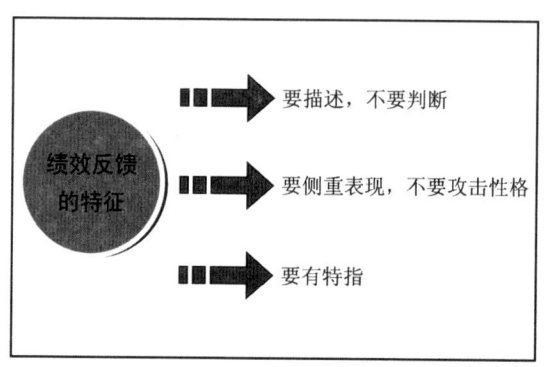

图 5.1 绩效反馈的特征

绩效反馈的特征可以总结为以下几点：

第一，要描述，不要判断。

第二，要侧重表现，不要攻击性格。

第三，要有特指。

绩效反馈是绩效考核的最后一步，是由员工和管理人员一起，回顾和讨论考评的结果。如果不将考核结果反馈给被考评的员工，考核将失去极为重要的激励、奖惩和培训的功能。因此，有效的绩效反馈对绩效管理起着至关重要的作用。

心理学家发现，反馈是使被激励人表现优秀的条件之一。

缺乏具体、频繁的反馈是绩效不佳的最普遍原因之一。

管理者针对员工的错误行为进行反馈的目的，就是通过让员工了解自身存在的问题而引导其纠正错误。通过建设性的批评对错误的行为进行反馈。

管理者在进行正面反馈时应遵循四点原则：

1. 用正面的肯定来认同员工的进步；

2. 要明确地指出受称赞的行为；

3. 当员工的行为有所进步时应给予及时的反馈；

4. 正面的反馈中应包含这种行为对团队、部门乃至整个组织的整体效益。

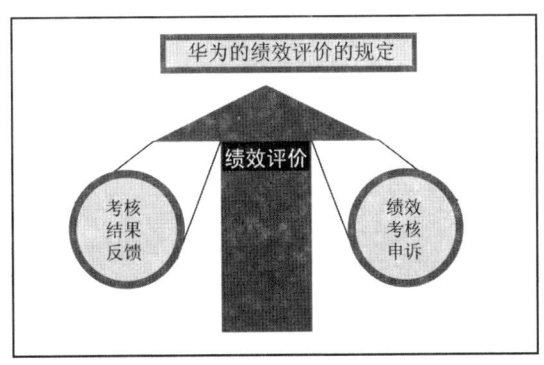

图 5.2 华为的绩效评价体系

许多企业在操作绩效管理的时候并没有严格按照操作规程来做，在实施之前没有进行科学有效的规划，对于为什么要实施绩效管理，实施绩效管理对企业、经理和员工的好处等内容，企业没有交代清楚。不但员工没有弄明白，就连对绩效管理的实施负有执行责任的直线经理也一知半解，直接导致了经理和员工的沟通障碍，经理和员工不能有效地就绩效管理的方方面面做沟通，使得绩效管理蜕变为形式主义，企业花费了大量的时间和精力，最后却做了无用功，没有任何效果可言。

由于上级和下属之间没有就绩效管理的诸多问题进行沟通，在考评之前，上级没有与下属沟通绩效目标，下属并不清楚自己应该怎样做，也不知道将要对自己做哪些方面的考核，对考核方法考核程序等关键问题 概不知。

鉴于这种情况，上级无法对自己所做的绩效评价给出有说服性的解释，所以他们害怕与下属沟通绩效，害怕面对愤怒的下属，不愿意因为绩效问题制造矛盾、与下属站到对立面。所以对于绩效反馈，他们往往采取回避的态度，能不反馈则不反馈。

但是，绩效反馈是上级的职责所在，上级有义务将下属的绩效考评结果告知本人，对他自己所达到的绩效评价给出合理的解释。否则，下属肯定不答应。也许下属不会直面冲突，不会冲到上级的办公室与上级争论，但他们一定会在心里琢磨，一定会有情绪。试想，一群带着情绪工作的员工，其工作效率会有多高？

不反馈的结果只能制造更多的麻烦，使你与员工之间的隔阂越来越大。

所以，为了还员工一个明白，也为了更好地帮助员工正确认识自己，直线上级必须组织有效的绩效反馈，将员工真实的情况反馈给员工，以消除员工心中的疑虑，这样才能激励员工更加心情舒畅地做好工作。

同时，将员工的绩效反馈给员工，上级可以更多地倾听员工的想法，与员工一起为未来的工作做更好的打算。这对双方都有益处，绩效反馈做好了，可以创造一个上级和员工双赢的局面，促进上级和员工之间合作，为以后工作的顺利开展打下坚实的基础。

华为的绩效评价体系中有着这样的规定：

1. 考核结果反馈

考核者应向被考核者反馈考核结果。如果被考核者不同意考核结果，应先行沟通，也可按下列规定进行逐级申诉。

2. 绩效考核申诉

（1）被考核者如对考核结果存有异议，应首先通过沟通方式解决。解决不了时，被考核者有权向直接上级主管申诉；如果被考核者对直接上级主管的处理结果仍有异议，可以向人力资源部提出申诉。

（2）人力资源部接到被考核者的申诉后，通过调查和协调，在15

日内告知申诉处理结果。

（3）员工如对处理结果仍不满意，可向总经理申诉。

绩效反馈阶段是考核者和被考核者双方都比较紧张的时期。主管经过充分准备后，就考核结果向员工进行面对面反馈，内容包括肯定成绩、指出不足及改进措施、共同制订下一步目标或计划等。华为强调反馈是双向的，主管应注意留出充分的时间让员工发表意见。

在华为，绩效反馈时，面谈沟通的程序是：充分准备（拟定面谈时间、地点、方式、角度、内容等）→ 营造良好的沟通氛围 → 把握考核沟通原则，注意开始 → 平衡听、讲、问 → 处理话题偏听偏移 → 确定下阶段目标。

考核沟通应注意以下原则：对事不对人，只谈绩效而不涉及人格；不将被考核者与第三者比较；谈话内容避免被第三者听到，谈话场地尽可能免受干扰；沟通要坦率、具体。

在华为看来，没有双向沟通，就称不上绩效管理。绩效管理是目标导向与价值评价的载体。绩效考核和薪酬紧密联系，考核不仅仅是为报酬服务，而是以绩效的改进为目标。上级要对下属进行辅导、监控，再做出评价。和下属的沟通列入了对各级主管的考评。

综上所述，华为绩效管理具有以下特点：（1）绩效管理促进绩效改进；（2）绩效评价基于工作目标的管理；（3）工作目标设置与员工充分沟通；（4）目标达成伴随主管的事前指导与事中辅导；（5）鼓励创新，允许员工实施有创意的计划；（6）倡导从小事做起、做实事，小改进大奖励，小进步造就大进步；（7）资源共享与内部客户服务系统，构成绩效完成的支撑体系；（8）绩效评价有客观的依据与工具，促进员工不断提高；（9）营造良好组织气氛，充分发掘个人潜力，获得超常工作绩效。

华为的核心价值观

第一是以客户为中心。

如果你以竞争对手为中心，你就永远跟在别人后面，只能模仿别人，很难超越别人，而且你也解决不了根本问题。以客户为中心，你知道客户的需求是什么。华为这一点做得非常好，比如说最早的时候，一个邮电局的小科长到深圳考察，任正非亲自炒菜给他吃。其实旁边就有大排档，请他吃饭也花不了多少钱，但是自己炒菜的感觉是不一样的，这就是注重客户的感受。

华为只有一辆车的时候，如果任正非要出去，同时来了一个客人，那毫无疑问要去接客户的。这是非常重要的，也是华为非常根本的，他们做到了别人做不到的，包括他们内部员工培训，一些企业文化的东西都很感人。在汶川地震的时候，华为第一时间响应，移动、联通以后有这种应急响应的时候，他们会第一时间想到华为。这是以客户为中心。

第二个是以奋斗者为本。

在我们的考核体系、评价体系、分配体系里边，怎么样让奋斗的人得到更多的钱，而且比他想象的还多。他要一万块，我给他两万块，他不就很满意吗？华为的压力这么大，为什么大家还愿意承受呢？在一定程度上说，华为给他的钱比别人给的多得多，所以他愿意承受，这也是有关系的。

第三个是长期坚持艰苦奋斗，敢自我批判。

这是一件很难的事情，尤其是中高层管理人员，有了钱以后，他不愿意艰苦奋斗了，怎么样让他艰苦奋斗，干部能上能下机制有没有？华为有一个市场部集体大辞职，这不是说所有人都走了，是华为从游击队变成正规军的过程中，有相当一部分干部，包括市场部的总裁已经不适应这种模式了，但是他是以前的功臣，怎么能让这些主任下来，就搞了一个市场部大辞职的仪式。当时有个主题叫"烧不死的鸟是凤凰"，虽然我被烧了，但是我的羽毛发出的光照亮了后面的人的道路，也是很光荣，很悲壮的。

然后坚持不断地自我批判，但是不死搬硬套。当年任正非带领的是一批一无所有的人，受了很多的社会主义教育，学雷锋、焦裕禄，所以特别能承受，而且从小也没有很好的生活环境，都愿意吃苦。我当时只要是有口饭吃，我都愿意跟他干，根本没什么理想，只是在跟着干的过程中慢慢有了理想，不是一开始就有的。但是现在80后、90后还要按照这样的方式要求他们，这是很难做到的，包括对他们沟通的方式、方法也不一样了。当时的时代，华为能做的，在我们今天这个时代的企业里边不一定是完全能做，但是核心的东西一定是有价值的，我们的方式方法可能要发生改变才能有效。

（本文摘编自《华为的厉害之处》，作者：张建国，来源：正和岛，2014）

 **下篇**

动力激励

　　美国行为学家赫茨伯格（Frederick Herzberg）的双因素理论承认，管理者要得到想得到的，需要付给员工报酬，但物质激励不是真正的"动因"。人们做某件事真正的动因是：发自内心地想去做。这样，不论你身处顺境还是逆境，动因都将持续。这个理论包括两种不同的因素：基础因素（上篇所提到的）和动力因素（下篇主要论述的对象）。

　　有意思的是，赫茨伯格断言薪水是一个基础因素，不是动力因素。

　　基础因素得到满足，还不足以让你爱上你的工作——它只能做到让你不讨厌这份工作。真正让我们非常满意并爱上工作的因素是什么呢？那就是赫茨伯格研究中的"动力因素"。动力因素包括：有挑战性、获得认可、责任感、个人成长。因为工作本身的因素让你感觉做了对工作有意义的贡献。

第五章
非物质激励：让多数人变成先进

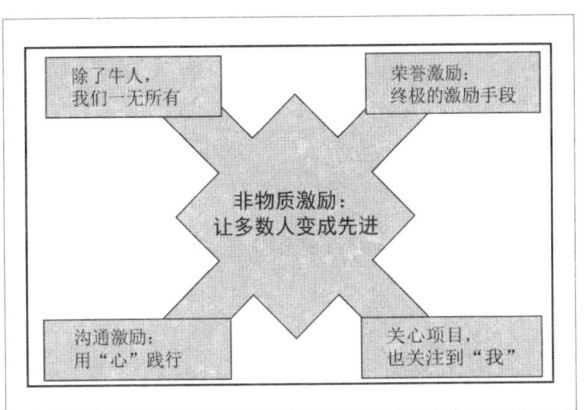

　　"经济刺激是主要激励因子"的倡导者认为，如果你想说服别人按你想要的方式做事，只要你给钱，你就能在需要时让别人按你的意思来办事。这个原理很简单，是可以衡量的。要探索一个理论是否可信，最好的方法就是找出异常现象，这种激励论的问题在于，它们解释不了非常明显的异常现象。

第一节 除了牛人，我们一无所有

"除了牛人，我们一无所有。除了牛人，我们别无所求。"

加入华为之后，你将会跟全世界的牛人一起工作。华为有公司级院士14名，各领域的专家2000名。近三年以来，约有700名世界顶尖科学家加入华为。加入华为，不仅是到世界去看一看，还拥有170个国家的朋友圈，与全球的同事和客户一起深度交流、学习分享。

为员工提供的最佳福利，不是请客吃饭和团队活动，而是招募优秀的员工，让他们和最优秀的人一起工作！那些乐于学习和迎接挑战、对自我要求比较高的人会以身边优秀的人们作为标杆，渴望做得更好，正所谓见贤思齐。

华为是一个专门等待年轻人的新世界，每年有近8000名优秀毕业生加入到华为这个年轻世界。在研发体系，产品线的85后人数占总人数的47%，80后研发专家占七成，80后部门经理占六成。在市场体系，国家经理41%以上是80后。

2015 年，任正非表示："我们公司就像赛跑冠军一样，终于跑到世界的边缘线上。大江大河、大海大浪，信息的洪流即将起来了，我们有乘风破浪的机会，要有勇气搏击这个世界。但如果我们还是粗放管理的公司，看到机会，就只能望洋兴叹。如果我们不能做到英雄'倍'出，不是千军万马上战场，不能听得进批评，如何做到行业领先？所以我们要把握住这次大时代转型的机会点发力！"

英雄好汉"倍"出，"倍"字是任正非专门改的一个字，原来是一辈子的"辈"。任正非说，一辈子才出英雄，等不及，熬不起。他说应该是成千、成倍地出英雄好汉。

哪一个人不愿意与聪明人、牛人做同事呢？从环境角度看，你周围的队友水平决定你的成就高低。

下面这一段话说出了很多人的心声："如果你想像雄鹰一样翱翔天空，那你就要和群鹰一起飞翔，而不要与燕为伍；如果你想像野狼一样驰骋大地，那就要和野狼群一起奔跑，而不能与梅花鹿同行；正所谓'画眉麻雀不同嗓，金鸡乌鸦不同窝'。这也许就是潜移默化的力量和耳濡目染的作用。如果你想聪明，那你就要和聪明的人在一起，你才会更加睿智；如果你想优秀，那你就要和优秀的人在一起，你才会出类拔萃。"

还有一句话"不怕神一样的对手，就怕猪一样的队友"。比尔·盖茨也曾说过："聪明的人总是愿意与聪明的人共事，这样你可以从每天的研究工作中获益。人们常常能超越自己的工作极限，并不断有所突破。"尽管盖茨是一位领袖级人物，但过去几十年间还有许多关键性人物为微软的事业贡献了才能。盖茨把自己成功的很大原因归功于拥有很多同样聪明的同事。从最初一起设计软件并创建公司的保罗·艾伦、管理天才史蒂文·巴尔默，到首创"菜单"模式的查尔斯·西蒙伊，再到让微软完全占领欧洲市场的鲍勃·奥利尔……

 **荣誉激励：终极的激励手段**

荣誉激励是一种终极的激励手段，它主要是把工作成绩与晋级、提升、选模范、评先进联系起来，以一定的形式或名义标定下来，主要的方法是表扬、奖励、经验介绍等。荣誉可以成为不断鞭策荣誉获得者保持和发扬成绩的力量，还可以对其他人产生感召力，激发比、学、赶、超的动力，从而产生较好的激励效果。在管理学看来，追求良好声誉是经营者的成就发展需要，或归于马斯洛的尊重和自我实现的需要。

行为科学认为，人的行为是由动机决定的，而动机则是产生于需要。也就是说，人的需要是产生行为的原动力。因此，满足需要是调动人的积极性的重要途径。如果我们承认马斯洛的自我实现的需要是人类最高层次的需要，那声誉才是一种终极的激励手段。经济学家从追求利益最大化的理性假设出发，认为经营者追求良好声誉是为了获得长期利益。

美国著名成人教育家卡耐基曾写出享誉全球的名著《人性的弱点》《人性的优点》《人性的光辉》等，成为出版史上排名前列畅销书。他指出为人处世基本技巧的第一条就是"不要过分批评、指责和抱怨"，第二条是"表现真诚的赞扬和欣赏"。荣誉是众人或组织对个体或群体的崇高评价，是满足人们自尊需要，激发人们奋力进取的重要手段。从人的动机看，人人都具有自我肯定、光荣、争取荣誉的需要。对于一些工作表现比较突出、具有代表性的先进员工，给予必要的荣誉奖励，是很好的精神激励方法。因此，满足员工的荣誉感，可以使他们迸发出强大的能量。

荣誉是贡献的象征，每一个员工都有一种强烈的荣誉感。当获得某种荣誉时，就能增强信心，就会对企业怀有满腔热情，体会到自己生活在世界上的价值。因此，满足员工的荣誉感，可以迸发出强大的能量。许多企业从员工这种特殊需要出发，通过给予员工各种荣誉，收到了调动员工积极性的最佳激励效果。

拿破仑一生中指挥过大大小小 60 多场战役，常常以少胜多，在世界军事史上写下了浓墨重彩的一笔。马克思赞许拿破仑是一位"伟大的军事家"，恩格斯在他的许多军事著作中，都把拿破仑指挥的某些战役称作"具有历史意义的卓越范例"。可以说，拿破仑善于用荣誉激励部属，是其统兵艺术的一个闪光之点。

拿破仑主张对军队"不用皮鞭而用荣誉来进行管理"，认为一个在伙伴面前受了体罚的人是不能对荣誉有所感受的。在征服意大利的一次战斗中，拿破仑夜间巡岗查哨，发现一名士兵斜倚着树根睡着了。他没有喊醒哨兵，却拿起枪替哨兵站岗。哨兵从沉睡中惊醒，认出了正在替自己站岗的司令官，十分恐慌和绝望，跪倒在他跟前，请求处罚。拿破仑和蔼地说："朋友，你们艰苦作战，又走了那么长的路，打瞌睡是可以理解的。但是目前，一时的疏忽就可能断送全军。我正好不困，就替你站了哨，下次可要小心。"众所周知，哨兵在岗位上睡觉，是要以军纪论处的，但拿破仑对长途跋涉、疲惫不堪而偶尔失职的哨兵却没有那样做，而是带着关爱的情感批评哨兵，这就使得哨兵从内心拥护他，爱戴他，不折不扣地执行他的命令。

另外，提升激励是对表现好、素质高的员工的一种肯定，应将其纳入"能上能下"的动态管理制度。

任正非曾这样说过："我们不仅在经济待遇上要提升能工巧匠的待遇，以逐步达到国际标准——当然我们的工作标准也要国际化，我们也要在政治上肯定他们，提升他们的地位，培养他们的自豪感与自信心。通过 QCC（品管圈）、合理化，他们也参与了管理，这培养了他们的技能。对他们的成绩要给予肯定，他们发明的方法，也可以用他们的名字来命名。"

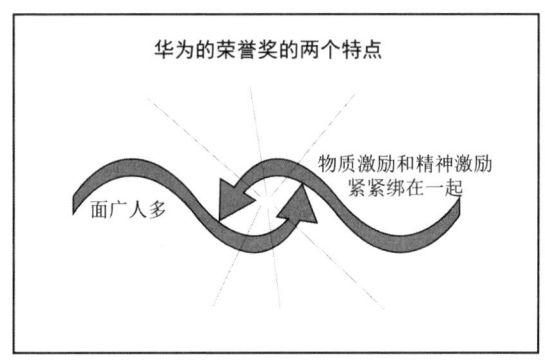

图 6.1 华为荣誉奖的两个特点

另外，华为各种各样的奖励应接不暇，还专门成立了一个荣誉部，专门负责对员工进行考核、评奖。只要员工在某方面有进步就能得到一定的奖励，华为要对员工点点滴滴的进步都给予奖励。华为的荣誉奖有两个特点：第一，面广人多，所以员工很容易在毫无察觉的情况下得知自己获得了公司的某种奖励。只要你有自己的特点，工作有自己的业绩，你就能得到一个荣誉奖。对新员工就有进步奖，你参与完成了一个项目就有项目奖。第二，物质激励和精神激励紧紧绑在一起。只要你获得了一个任意的荣誉奖，你就可以随之得到一定的物质奖励，而且荣誉奖没有上限。

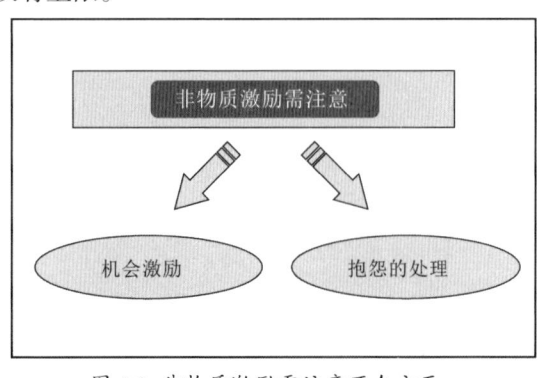

图 6.2 非物质激励需注意两个方面

任正非表示："非物质激励主要要管理好机会激励、思想激励。非物质激励应该是让多数人变成先进，让大家看到机会，拼命去努力。如果只有少数人先进，被孤立起来，其实他内心是很恐惧的。我认为金牌奖比例还是太少，华为绝大多数人是先进人物和优秀分子，愿意发钱就发钱，即使发个奖章也好。"

2013 年 8 月，中亚地区部 AT 会议通过决议，对在华为当地子公司、办事处工作十年及以上的本地员工颁发"华为奋斗奖"（FenDou Award）并授予银牌，并将本地员工的姓名刻在奖牌上。从 2013 年起，每年颁发一次。

任正非在其文章《再论反骄破满，在思想上艰苦奋斗》中这样写道："我们将表彰各行各业的优秀能手，评选优秀的厨工、清洁工、焊工、插件工、库工、备件管理员、房管员、打字员、话务员、司机、秘书、装机工程师、编辑、翻译、会计、审计、采购、营销能手、策划能手、商务管理能手、销售能手……将在各行各业进行比赛，选拔优胜者。我们只有不断地选优下去，才能保有生机。"

华为曾经专门成立过荣誉部，负责对员工进行考核、奖评，对员工的点点滴滴进步给予奖励。

任正非在与华为 CEC（计算机技术中心）就非物质激励工作优化的座谈会中这样说道：

国家可以"六亿神州尽舜尧""遍地英雄下夕烟"，我们为什么不可以英雄"倍"出。做出优秀贡献的员工，发个金牌，人人都可争当英雄。有人的地方就有英雄。我认为公司每年 30% ~ 40% 表彰覆盖面应该是可以接受的，比如，公司或部门金牌奖 5%·10% 由行政管理团队管理，公示接受员工评议；道德遵从委员会组织民主评选的"明日之星"20%……或多一点。这么高的覆盖率，大家都有可能被评选上，才会去积极争取。公司在非物质激励的机会管理上，也会增加机会激励。

我们最重要的是把千军万马调动起来积极上战场，充分发挥员工的潜能，推动一种新的井喷。公司这几年的盈利都很好，表彰要舍得花钱，别抠门。要使奖励形式多样化，奖牌要高级，让人一辈子得到鼓舞。各部门举行正式的颁奖仪式，对明日之星获得者颁奖表彰。获奖信息记入员工荣誉档案。

除了运动之外，任正非还喜欢用选举的方式选出公司的英雄来，作为激励的榜样。

任正非这样说道："道德遵从委员会组织民主选举'明日之星'，按公司总人数 20% 左右的比例评选。公司已经授权道德遵从委员会组织民主选举出 20% 的英雄。我们先把这 20% 的人表彰了，心声社区和华为人报进行报道，相信两三年后我们这支队伍一定会'嗷嗷叫'。"

2015 年，华为按总人数 20% 左右的比例民主评选"明日之星"，扩大对优秀员工表彰的激励面，鼓舞正气上升，让英雄"倍"出。

2015 年，华为启动首届"明日之星"民主评选活动，不同于其他奖项，"明日之星"是通过员工集体讨论和民主选举产生，获奖比例 20%。有人的地方就有英雄，让员工发现自己身边的英雄；"明日之星"鼓舞正气上升，营造了千军万马上战场的氛围。

"明日之星"奖项第一届共评选出 36058 位"明日之星"，第二届截至 2016 年 2 月 1 日共有 29179 位员工当选"明日之星"。

华为还设有"天道酬勤"奖。"天道酬勤"奖自 2008 年设立至 2016 年，已经过去了 8 个年头，第一年获得天道酬勤奖的员工有 17 人，2016 年，有 527 人获得该奖项，这个数字已经累计增加到了 1667 人。而 2016 年获得该奖的华为人的奖章也很特别，是一块芭蕾水晶砖。其寓意为，伟大的背后都是苦难，胜利的背后洒满汗水。

对华为员工来说，一年一度的"金牌个人""金牌团队"荣誉激励应该是最激励人心的了。2014 年，华为又将激励范围扩大，表彰历年来为华为管理体系建设做出历史贡献的"蓝血十杰"（包含离职、退休人员）。各体系、产品线、研究所、基层部门也开展了富有特色的非物质激励活动，比如无线 20 年的纪念指环，给员工发放以名字命名的指环，固定网络产品线已持续 6 年的"金网络"奖，2012 实验室每年举行"幸福的金牌"活动等，不胜枚举。

2016 年 1 月，在深圳洲际酒店举行的华为市场颁奖典礼分外火爆。2015 年，华为销售收入 3900 亿，聚焦管道战略见效显著。其中，运营商 BG 订货第 1 次突破 500 亿美元，消费者 BG 手机销售超 1 亿部，企业 BG 数通产品首次中国市场销量第一，企业 BG 首次扭亏为盈，取得历史性突破。

在这次会议上，一大批团队获得表彰。最佳销售项目、最佳交付项目、竞争优胜奖、战略项目奖、区域能力提升奖、最佳专业支撑、最佳机关支持、区域优秀 BG、优秀大 T 及子网系统部、优秀单国运营商系统部、战略竞争奖、特别贡献奖、优秀小国经营奖、代表处经营优秀奖、地区部综合绩效奖……市场战线一大波重量级奖项揭晓，共有 342 支金牌团队获得表彰，以及 573 人获得公司级金牌个人奖。东北欧地区部摘得最重量级的地区部综合绩效奖一等奖。

这次颁奖典礼新增了两个奖项，"优秀企业 NA 系统部"，在企业业务领域有一个作战团队，他们聚焦高价值 NA，不断突破和纵深，一次次地写下了从无到有、从弱到强的奇迹；在企业市场树立起一座座明亮的灯塔，为企业市场的发展照亮广阔的海域。

阿富汗、刚果、安哥拉、尼日利亚……很多艰苦地区的员工有了更现代化的办公环境，住进了温馨舒适的宿舍，在干净卫生的食堂就餐，用员工自己的话说"哇，高大上""幸福指数噌噌上升"……获得"优秀行政服务奖"的优秀行政服务人逐渐向专业化、职业化和科学化管理转型，在行政后勤供应商汇聚、业务模式优化等方面成绩卓越，保障员工健康和安全，有效支撑业务主管聚焦作战，多打粮食。

美国IBM公司有一个"百分之百俱乐部"，当公司员工完成他的年度任务，他就被批准为该俱乐部会员，他和他的家人被邀请参加隆重的集会。结果，公司的雇员都将获得"百分之百俱乐部"会员资格作为第一目标，争取获取那份光荣。

对于员工不要太吝啬，一些名号、头衔可以换来员工的认可感，从而激励起员工的干劲。日本电气公司在一部分管理职务中实行"自由职衔制"，就是说可以自由加职衔，取消"代部长、代理""准"等一般普遍管理职务中的辅助头衔，代之以"项目专任部长""产品经理"等与业务内容相关的、可以自由加予的头衔。

斯大林是最善于运用荣誉激励艺术的军事家之一。他对任何荣立战功的部队，上自元帅，下至士兵，无不给予相应荣誉。他非常懂得运用荣誉激励的奥妙之处。在反法西斯战争期间，对立功部队的指挥员及其领导人，除颁发由他亲手签发的嘉奖令并通过莫斯科电台向全世界播放外，还在首都为他们隆重地鸣放礼炮、点放礼花。他还根据立功的大小，亲自制定鸣放礼炮的三个等级。整个卫国战争期间，斯大林总共下达过373次嘉奖令，鸣放礼炮353次。由于这种嘉奖声势浩大，规模隆重，对有功部队和全军将士起到激励作用。

我们经常看NBA比赛，对奥斯卡获奖影片也不陌生，但对两件事可能会不理解：NBA明星中为什么有那么多人有荣誉称号呢？比如，最佳助攻手、最佳三分扣篮手、篮板王、MVP、最佳新人、最佳第六人等，究竟哪个人是最佳的呢？

奥斯卡究竟有多少奖项呢？比如，最佳导演奖、最佳舞台灯光效果奖、最佳服装设计奖等。但是，虽然有这么多的奖项，却一点也没有"虚"的感觉，因为它们的名字比较实在。

从 NBA 和奥斯卡的奖项设置中，可以总结出这样一个道理，即奖项并不怕多，但一定要实在，要有针对性。所以，我国的企业在设奖项时最好不要用优秀员工、优秀党员、优秀干部等词语，应该针对性强些，实在些，比如，用最佳质量奖、最佳销售奖、成本降低最佳奖、最佳焊接手、最佳裁剪标兵等词语。但需要注意的是，这些奖项的设立要像 NBA 和奥斯卡一样，要具有唯一性，不可滥用。

德鲁克表示："许多人经常谈到如何'赋予'员工对工作的自豪感、成就感以及受重视的感觉，但是别人无法'给'你荣誉感、成就感和受重视感。员工不会因为公司总裁在信中称呼他们'亲爱的同仁'而感到更受重视，这种称呼只能凸显总裁的愚蠢罢了。自豪感和成就感都必须源自工作本身，无法衍生自工作以外的事物。员工或许极为珍视公司为了感谢他 25 年来忠诚的服务而颁发的纪念章，但是只有当纪念章确实象征了他在工作上的实际成就时，员工才会感激公司的安排，否则就只会被看成虚情假意，反而容易招致不满。"

第三节 沟通激励：用"心"践行

虽然薪酬结构的设计一向是企业用来吸引、留住优秀员工，以激励发挥工作绩效、协助企业获得竞争优势的重要工具，然而从心理学家马斯洛(Abraham H. Maslow)的需求层级理论来说，却只是属于生理、安全层次的低层次需求，少有人会把薪酬当成持续自我实现的高阶需求。相同的，美国行为科学家赫茨伯格的双因素理论也认为，薪酬是一种属于不具激励作用的保健因素，只能消除员工的工作不满足感，也不能产生持续激励因素的效果。换言之，如果能够找到员工对现有工作满足的高层次需求以及激励因素，并且将之持续，那么就能产生企业与员工之间情感性的交换关系，也就是员工对企业的忠诚。因此，如何有效达成员工的工作满足感，便是企业在采取激励策略前首先必须思考的课题。

过分依存物质激励是华为现存激励方式和价值分配方式的痛点。物质激励非常重要是毫无争议的，而同时员工还有非物质的其他需求。为什么有些员工工作不努力或者选择离开华为？理由往往是"感觉自己被当做工具""和主管合不来""工作没意思""继续下去没有前途"等等。在华为一些非物质激励的具体实施中，往往出现激励运动化（不持续）、秘书化（主管不参与，光秘书张罗）、邮件化（表扬表彰就一封邮件，员工没感觉）。其实，非物质激励能够产生管理增益，主管们应该用"心"践行非物质激励。

华为无线 TDD 营销支持部近 3 年的管理实践和结果表明：用心激励对于提升组织绩效是有贡献的，能产生管理增益。这一部门的主管这样记录道：

> 过去三年，在管理这个部门的时候，我脑子里并没有明确想过要系统地做非物质激励，只有一个简单的想法：兄弟们跟着我，工作强度很大，除了正常的工资奖金股票，我能不能给兄弟们创造一些其他附加价值？比如拓宽视野，提升能力，帮他们升职。再者，一定要让工作快乐。这么高强度的工作，自己能坚持下来的重要原因就是工作很累的时候，肉体虽然疲惫，但内心是快乐的。

沟通是部门工作正常进行的需要，也是非物质激励的基础。TDD 营销支持部有两个例行沟通机制，一个是每周一下午 4 点到 5 点的部门例会，主要目的是信息共享，每个员工介绍自己上周的主要工作，让大家都清楚其他人在做什么工作，有什么资源可以使用；另一个是公司例行的每年三次（两次考评和一次奖金）与员工的单独沟通（每人 30 分钟），包含工作方向辅导，员工职业发展和其他想法需求的沟通，关注"人"的内容相对多一些。

这样的例行沟通，表面看是再正常不过的管理动作，但难在不管多忙都绝不打折扣地执行。TDD 营销支持部的周例会时间固定，主管和员工的其他工作安排都尽量避开这个时间段，以保证效果；即使偶尔主管实在参加不了，例会也照开。每年三次员工单独沟通，每次要用差不多整整 2 天的时间。业务工作已经很忙了，每次用两天时间沟通，很辛苦。但是想一想，员工们工作这么辛苦，每年花几天时间跟员工好好聊一聊，听听他们的想法，给他们一些职业发展和能力提升的建议，当然应该是主管的优先工作。如果主管不关心员工这个"人"，员工怎么会关心组织的"事"？

我们部门相当一部分兄弟来自研发岗位，2011 年底 MFP 的时候，有员工提出，希望我给大家讲一讲以前在日本负责系统部和产品行销做销售的经验。于是我自己写了"怎样成为成功的销售人员"系列培训材料，在 2012 年先后给员工做了三次培训。每次培训都选在有兄弟要外派的时候，既帮助大家拓宽视野，也结合以前的经历给即将外派的兄弟一些在一线发展的建议。到了 2013 年，自己在营销方面的思考和积累比较多了，我又做了三个与营销相关的培训研讨，包括"美国大选的营销方法分析""文字的魅力""伟大的宣讲者"等，跟大家一起探讨分享。

必要的沟通不仅可以及时发现工作中的问题，而且可以增进双方的感情和关系。沟通并非"独角戏"，而是"交际舞"，需要双方密切配合。一方面要求主管能够循循善诱，让员工打开心扉，畅谈工作中和思想上的问题和建议；另一方面，也要求员工能够开诚布公，畅所欲言。

根据调查，在 IT 行业工作的员工都面临着巨大的压力，如果不能很好地调适自己，不能积极、开放、正派地面对人生，很可能会难以跨越"困惑"、摆脱痛苦，患上抑郁症、焦虑症。

员工患有抑郁症和焦虑症的普遍性，是和中国经济快速发展的大背景相关联的。中国三个月的发展相当于美国一年的发展。这给企业带来了快速发展的机遇，也带来了快速增长的压力。企业为了保持竞争力，不断扩大组织规模，不断开拓新的市场，不断进行组织变革，进而不断对员工提出更多更高的要求。于是员工不得不连年超负荷工作，体力和精神严重透支，心理上变得厌倦、易怒、紧张、焦虑、抑郁和情绪低落。

在华为，除了为员工提供有竞争力的薪酬待遇，2010 年华为的员工保障支出为 19.7 亿元，除了为员工缴纳社保以外，华为还为员工额外购买商业保险，并设立首席健康官。

2008 年 4 月，任正非曾在文章《要快乐地度过充满困难的一生》中写道："华为不断地有员工自杀与自残，而且员工中患上抑郁症、焦虑症的不断增多，令人十分担心。

"人生是美好的，美好并非洁白无瑕。任何时候，任何处境都不要对生活失去信心。有机会去北京，可以去景山公园看看，那儿是一片歌的海洋，热闹得像海啸一样奔放。那些都是垂暮之年的老人，都在放声歌唱，多么的乐观，多么的豁达。看看他们的'夕阳红'，你为什么不等到那一天？快乐的人生，无论处境多么困难，只要你想快乐一定会快乐。

"人是有差距的，要承认差距存在。一个人对自己所处的环境要有满足感，不要攀比。例如：有人少壮不努力，有人十年寒窗苦；有人清晨起早锻炼，身体好；有人总是睡懒觉，体质差；有人把精力集中在工作上，脑子无论何时何地都像车轱辘一样转，而有人没有做到这样。

"待遇和处境能一样吗？你们没有对自己付出的努力有一种满足感，就会不断地折磨自己，痛苦着，真是身在福中不知福。这不是宿命，宿命是人知道差距后而不努力去改变。

"我不主张以组织的方式来实现员工的自我解放，而是倡导员工自觉自愿、自我娱乐，通过自己承担费用的方式来组织和参与各种活动。公司不予任何补贴，凡是补贴的，只要不再补贴了，这项活动就死亡了。'青春之歌'是一个好的名字，一歌、二歌、三歌……各具特色，吸引不同性格与生活取向的人。员工在这些活动中锻炼了自己，舒缓了压力，也进行了有效的沟通，消除自闭和自傲。

"只要这些活动不议论政治，不触犯法律，不违反道德规范，我们不去干预。一旦违规，我们可以对有关员工免除其行政职务以及采取辞退等方式来解决。总之释放员工的郁闷，应通过多种渠道，靠组织是无能为力的。

"员工不必为自己的弱点而有太多的忧虑，而是要大大地发挥自己的优点，使自己充满自信，以此来解决自己的压抑问题。我自己就有许多地方是弱项，常被家人取笑为小学生水平，若我全力以赴去提升那些弱的方面，也许我就做不了CEO了，我是集中发挥自己的优势。组织也要把精力集中在发展企业的优点，发展干部、员工的优点上，不要聚焦在后进员工上。

"克服缺点所需要付出的努力，往往远远大于强化优点所需要付出的努力。只有自信才会更加开放与合作，才会有良好的人际关系。而员工往往不知道这一点。有些员工正要出成绩的时候，不相信实践中会出真知、出将军，突然一下子要去考研。当然，当他全副武装归来的时候，正碰上我们打扫战场。要因势利导，使他们明白奋斗的乐趣，人生的乐趣。徐直军（华为副总裁）经常周末、深夜与一大批人喝茶，谈谈业务，谈谈未来，沟通沟通心里的想法，这种方法十分好。我们的主管不妨每月与自己的下属喝喝茶，明确传达一下自己对工作的理解和认识，使上、下都明白如何去操作。"

通过心理咨询室、心理热线、讲座，员工只能简单了解心理知识，但对自己是否有心理问题、心理困惑如何解决，其实很无能为力；而心理热线，是被动等员工来；心理测验的准确度低，员工不接受；个体咨询辅导人数更是有限。

华为沟通激励方面做得比较好的是设立了一个荣誉部，一些德高望重的老教授承担了对员工品德教育和心理辅导的任务。他们不仅在员工提出辞职时进行摸底教育，而且在日常工作和生活中正努力地成为员工的良师益友。

华为之所以成立荣誉部是因为华为的管理层认为华为员工非常年轻，虽然斗志非常强烈，但不可避免地也会在成长过程中遇到这样那样的挫折。如何帮助员工处理好出现的问题，不仅对于员工的发展非常关键，而且对于公司的健康发展也大有裨益。

实际上，由于老教授们具有深厚的科研工作经验，因此在对年轻员工教育方面发挥了独特的作用。"员工大多一人在外，面临很多问题，比如对自己的职位、工作范围和公司管理制度等都可能出现问题。及时发现问题，在员工与管理层之间建立有效的沟通渠道成为我们的主要任务。"一位老教授指出。

为了扩大员工沟通渠道，及时帮助员工化解思想中的烦恼，帮助员工树立正确的价值导向和积极的工作态度，荣誉部自 2005 年 11 月起开展荣誉老专家 Open Day 活动。该活动面向全公司员工，由老专家轮流参加接待，每周一期，严格遵循"不分级别、一对一、严格保证私密"的原则来进行。华为的员工甚至可以和荣誉部倾诉恋爱问题。

华为公司除开展荣誉部老专家 Open Day 外，各体系 AT/ST（行政管理团队和办公会议）成员也主持面向员工的 Open Day。与荣誉部老专家 Open Day 一样，管理者主持的 Open Day 同样严格遵循"不分级别、一对一、严格保证私密"的原则。

 第四节 **关心项目，也关注到"我"**

负责一个时间短、任务重、风险高的紧急项目，每天都处于高压状态，加班总会到很晚，各方面的问题与困难交织，人也比较焦虑。

有一天晚上，主管在茶水间碰到我，对我说："你最近压力很大吧，一定得注意身体，保持劳逸结合。这个项目是一个攻坚战，我看了你的策略与方案，组织得很好，你一直都是一个很有想法很有智慧的人，所以我也放心让你来负责这个项目。"

我一下感受到了主管那份真诚的关心，原来主管不仅看到了项目，更看到了"我这个人"，顿时觉得前面所受的苦都不算什么了，心里暖暖的。接下来主管又从他的经验角度给我分析了一下当前的局面，给予了一些有效的建议，包括后面在人力安排上给予很大的支撑，让我顺利完成了任务。

一位华为人有以上感悟。

2010 年，华为根据不同层级员工需求，整理形成非物质激励与物质激励相结合的"激励矩阵"，对员工分层分类开展激励组合拳，使管理者手中的"好钢"真正用到"刀刃"上，以满足员工多层次需求，焕发员工奋斗激情。一位华为人有这样的记录："我做开发代表的时候，所带的版本是国内 PON（无源光网络）市场翻盘的关键版本，开发团队克服重重困难，在 PK 测试、交付上取得了预想的成绩。那天版本 ADCP 在 BMT 会议上汇报，汇报结束后，市场代表提议为这个版本的团队成员集体鼓掌表示感谢。我之前多次参加 BMT 汇报，但是会上通过集体鼓掌的方式对一个版本开发团队给予激励，还是第一次遇到。当时就觉得这个版本中所有的艰辛付出都值了。"

2015 年，为给华为海外员工创造一个良好的工作生活环境，2014 年公司为海外员工配送书籍约 1.3 万本，乒乓球台、篮球、足球等体育器材一批。西非加纳代表处申请了两套卡拉 OK 点歌系统。77 个代表处的海外出差员工公寓建设也已完工，公寓内提供清洁服务及首次入住生活用品。对于埃博拉疫区以及战乱地区常驻或出差的员工，华为也极力提供各项专业防护措施，并动用一切资源运送相关物资到一线，为员工提供最专业的指导救助，最大程度保障员工健康和安全。

健康达人大赛、平板撑、深蹲、基地约跑……各类健康趣味活动层出不穷，鼓励大家通过合理饮食和健康锻炼，瘦身减脂，健壮身体。华为每年组织的"3+1"健康周活动已经从国内延伸至海外。华为还会不定期组织健康教育和心理讲座，针对主管进行持续关注员工的心理健康，赋予能量，鼓励员工参与压力自检等。

华为食堂各种特色风味美食也很多，员工就餐有更多的选择。各园区咖啡吧的设立，让华为人在更轻松的环境中不断碰撞激发出新点子。为方便员工灵活就餐，华为坂田基地部分餐厅供餐时间调整为工作日每天 11：30 — 20：00。在深圳、中国区、武汉武研等区域增加直饮水供水系统，其他区域陆续完工。

华为前副总裁徐家骏这样记述了自己的成长过程："头两年的工作中，我们水平很低，体力劳动很多，有一段时间，我一上班就得高度紧张地盯着系统，不停地干预，系统才能跑下去。一会儿系统进程死了，一会儿空闲进程多了要杀掉，一会儿表空间不够了要扩展，一会儿用户提交了不合理的并发程序要中止。有一段时间，我成了热线兼现场支持，一天接听 50 ~ 80 个电话，接了电话到处跑。之后我们做了很多改进工作，升级了系统硬件、写了自动脚本，成立了专门的热线等等，这期间我慢慢懂得了一个道理，一个大的复杂系统要成功地管理好，没有绝招，依靠的是一点一滴持续不断的改进和努力。

"由于压力过大，我也精神高度紧张了，一度到了比较神经质的地步。有一段时间，一听到 CALL 机响，甚至是电视广告里的'摩托罗拉寻呼机，随时随地传信息'中的 BP 声，我的心跳就不由自主地加速，喉咙发干。有一次去香港出差，从出发开始就一直惴惴不安，生怕系统出问题，结果刚到香港住进酒店，一个电话就来了，说系统崩溃了。我立即打国际长途叫赵某赶紧去处理，过了几分钟，赵某回电话绝望地说，他以最快速度赶到一号楼，进了电梯刚走到一半，咔嗒停电了，电梯卡在中间半个多小时，祸不单行，当时那种感觉真是'农夫内心如汤煮'啊。

"最后过度紧张使得我想逃避，导致我提出了辞职。所幸那时候的领导袁总和郭总，开导我多次，我逐渐有所缓解，然后慢慢开始理解了什么叫大将风度。做我们这一行，要如履薄冰，但也要有点临危不惧的精神。工作紧张，但心情要避免无谓的紧张。后来我们的 ERP

系统、IT 数据中心，又出现过多次危险情况，淹过水、着过火，而我们最终都能够化险为夷。"

在华为，没有人不知道百草园。百草园是华为人在深圳的温馨家园，里面有超市、活动中心、饭店、美发厅，一应俱全，洗衣房随时上门服务。员工在百草园内，不管是购物还是吃饭，一张小小的工卡全部解决，这对于那些整日忙于技术研究，无暇顾及自己日常生活的研究人员来说无疑是一项很大的福利。公司还定期组织足球赛等集体活动，让员工在工作之余有了一个舒适的生活环境，使企业变得更具人情味。这一宽松自由的软环境在一定程度上对员工也起到了激励的作用。

华为 EMT 纪要中有这样的记录："华为文化的真正内核就是群体奋斗。所以你们如果将来想有大作为，一定要加强心理素质训练，要多边、多层次、多方位地沟通，要学会怎么做人。只有学会了做人，你将来才会做事。在关键时刻，你才会胜则举杯相庆，败则拼死相救。"

工作、生活的重压不但影响身体健康，也危及心理健康。目前心理健康问题已成为企业成长的隐形杀手。中国健康型组织及 EAP 协会组织的一项调查显示，99.13% 的白领受"压力""抑郁""职业倦怠"等心理因素的困扰，79.54% 的职场人士意识到"职业心理健康"影响到工作。因此，企业（尤其是高强度劳动的企业）迫切需要关注员工心理健康问题，对员工实施心理辅导，通过讲座、座谈、一对一咨询等方式，缓解员工压力，解决心理障碍。

任正非：华为"明日之星"评选条件

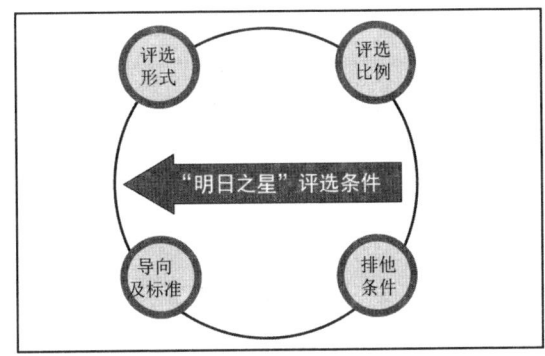

图 6.3 华为"明日之星"评选条件

第一，评选形式：可以民主推荐，民主选举。每年由道德遵从委员会启动评选，各级道德遵从办公室（OEC）与行政管理团队协商合作。各 OEC 组织部门员工全员投票，一人一票，评选产生明日之星。评选结果由本部门 OEC 在部门内公示。对结果有异议的，反馈给 OEC。

群众的眼睛是雪亮的，群众说选谁就选谁。让选出来的人去挤压没被选上的人，这样就能调整改进风气。群众也可能选出一些老好人，没有关系，我们的标准就是要作战，要出成绩。一两年后，大家逐渐就会评选了，把负能量变成正能量。

第二，评选比例：按地域概念，英雄不用横向与别的部门比较，按你所在单位的人数中比例涌现就行。我们要的不是含金量，而是千军万马上战场。在这个区域里，每100人就产生20名"明日之星"，各个区域的评选比例可以有差别。比如艰苦地区，英雄比例可以高一些。绩效持续优秀的团队，优秀比例也可以高一点。

行政管理团队将来会评选5%～10%的金牌奖，这是两种不同的评选方式。你们与人力资源委员会去磋商。

第三，评选导向及标准：可以在心声社区开设一个讨论专栏，让大家都来发表意见，民主讨论出一个评选标准。评选标准不能僵化，也可以"一国一制"，前三年让各地各自制定标准，评选方案及实施应当符合当地法律法规要求，尊重当地的文化习俗，慢慢地聚合成一个指导提纲，也别太细了、太死了，让一些有缺点的勇士总评不上。所谓"明日之星"，我们更应该把未来会产生贡献作为重要因素，也应该把是否努力学习作为重要因素。而且对历史上的员工也要重新评估，有些人可能在某个历史时期没有得到认同，走到今天，才发现他是真英雄。有些不被基层领导认可的人，不一定就不是英雄，通过民主选举，让认同感多了一个面，大家感到更公平一点。

民主选举不能与行政管理团队形成对立系统，"明日之星"的候选名单，群众可以推荐，行政管理团队也可以推荐。

第四，排他条件：（1）赌博、从事第二职业人员，没有参与评选资格。凡是发现有赌博行为的人，不用去做他的思想工作，反正把他劝退或者不续签合同；有些人在从事第二职业，就让他在法律框架下去创业吧，再诞生出一个比尔·盖茨，有啥不好呢？不奋斗的干部、专家，不是公司的宝贵财富。当然，那些因公受伤的除外。（2）年度有BCG违规及其他诚信档案负向记录。

阿里"软激励"营造开放的文化氛围

文化建设一直是阿里巴巴发展的重中之重。可以说，企业文化使"阿里"能够掀起一场互联网革命。在阿里巴巴的企业文化建设过程中，激励措施特别是软激励的有效运用发挥了重要作用。

尊重员工意愿，提供表达空间

"阿里味儿"是阿里巴巴强化企业文化的一个阵地，在这上面，员工可以直言部门主管的待遇不公，可以质疑公司的某项政策规定，甚至是集团高管走马上任也会被反对"围攻"。用阿里一位员工的话来说，可以讨论任何事情而无论层级，发表任何观点而不论对错；即便是高管的观点也经常被员工"减芝麻"（"减芝麻"表示不同意）。

这样的例子随时随处可见。在阿里的历史上，一位被高管辞退的员工发帖历数前者的不公正，帖子发布后引发了大量同事"一面倒"的声援，但随后高管及时回应，说明原因和意见，也获得了跟帖支持，最终在双方意见"针锋相对"的情况下，由 CEO 出面，把 HR 的负责人、当事员工和主管都叫到一起公开讨论，而且现场情况同步直播给所有员工。

阿里坚持的原则是"即使是毒草，也要让他长在阳光下"。正是在这种潜移默化的培养中，每位员工都能以一个平等、客观的姿态参与到工作的讨论和执行中。也正是这些做法使阿里开放、透明的企业文化被员工真正地接纳和吸收，有效地调动了员工的能动性和创造性。

实施"赛马"机制，激发创新冲动

阿里充分满足了员工的施展空间和创新冲动，"赛马"就是很好的例子，员工只要有好的想法和创意就可以提交到阿里的项目委员会，经过审批之后，员工可以放手去做，集团会为其配备人手、资金，甚至还有期权，阿里很多好的项目都是通过"赛马"成立的。在阿里的历史上，就有刚刚转正的员工提交的项目脱颖而出，之后扩容成五六十人的团队，闯入该领域内全国第一梯队。

"放任"的结果往往带来意想不到的惊喜，有些案例甚至让阿里内部员工也有点难以置信，比如一位刚刚入职的员工"不务正业"，耗时8个月痴迷于与自身业务关联不大的技术难题，部门主管也欣然接受，而这对于双方来说都是一种"冒险"：员工毫无突破，高管难辞其咎。但最终，员工的技术方案被纳入全球性的技术标准里。

自由晋升和转岗，不拘一格

在职位晋升和调整机制上，阿里也同样奉行"自由"原则。比如阿里员工的晋升并不是由主管决定，而是结合一年的工作情况自己来判断决定，如果认为自己到了晋升的某一个层次和水平就提交晋升申请，由各个部门的资深同事来进行考核，员工做述职报告，评委来投票决定。再比如，员工转岗也无须征得部门主管同意，只要接收方同意，原部门主管就要无条件放行。这是阿里包容精神最直接的体现。

当然，自由不是无原则地放任。为了将自由而活跃的"分子"纳入到整个组织的有机体中，使员工自主性与企业的需求相匹配，阿里设定了一定的限定条件。比如，晋升请求是自己提出的，但是判断的标准是透明公开、具体而微的；转岗是没有主管限制的，但是存在一些硬性条件：首先是在现有部门至少待够一年，其次就是绩效考核达到一定的水平。这样就会避免员工因为逃避责任而转岗，保证优秀人才的合理流动。

可见，阿里巴巴激励机制的关键点在于充分尊重员工发展的意愿，并为员工提供自由发展的平台，而这种"软激励"是阿里"开放、创新"文化的真实写照，是阿里持续进行变革创新的重要推动因素。

(本文摘编自《如何激励员工：变"要我做"为"我要做"》，作者：黄知才，来源：中国人力资源网，2015)

第六章
企业文化激励：用理念激发员工斗志

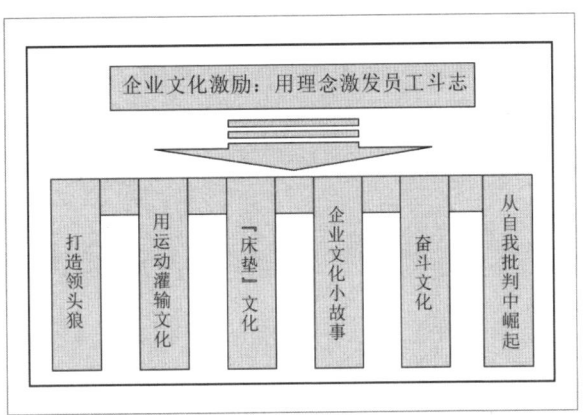

文化管理是组织管理的最高境界，优秀的企业文化能充分调动员工的积极性，促进员工能量的发挥，进而提高组织的运营效率，推动企业健康、良性发展。

第一节 用运动灌输文化

群众路线是党的生命线和根本工作路线，其根本思想在于联系群众。华为总裁任正非游刃有余地将其运用于华为的管理中，其核心含义是，把群众的意见集中起来化为系统的意见，再到群众中推行，在群众的实践中检验这些意见是否正确。

1995年12月26日，华为总裁任正非以一篇题为《目前形势与我们的任务》的万言报告，拉开了市场部整训工作会议的序幕。会议期间，所有市场部的正职干部都要向公司提交两份报告，一份是1995年的工作述职，另一份就是辞职报告。任正非表示，自己只会在一份报告上签字。当时，包括市场部代总裁毛生江在内的30%的干部被调整下来。集体辞职开了华为"干部能上能下"的先河，也被业内视为企业在转型时期顺利实现"新老接替"的经典案例。

此后几年中，伴随着华为翻番式的高速增长，内部运动也如火如荼。1996年12月，《华为公司基本法》启动大讨论，参与人员从高层到中层，从中层又扩大到普通员工，又由企业内部扩大到员工的家庭、合作单位及社会各界。之后，华为的内部活动不断。从"产品开发反幼稚"

的大讨论，到"无为而治"的命题作文，高层发起、自上而下、层层推进式的群众运动，成了华为变革的招牌模式。

华为的"群众运动"还表现在一些日常细节中。例如华为召开员工大会之前，经常会号召大家大唱《团结就是力量》《解放军进行曲》等革命歌曲，以此来激发员工产生饱满的情绪。这种事情，在军队管理上和在过去大搞群众运动时是很常见的事，但在现代公司管理的角度看来就是比较奇怪的事了。在华为许多次类似这样的场面中有一次比较特殊，那是1998年，在一次年终会议上，市场部在华为的大食堂里合唱《解放军进行曲》。由于时间紧张，市场部事先没有排练，舞台上又没有扩音设备，市场部的人只好扯着嗓子唱。当时在台下观看的任正非听着听着就激动了起来，站起身也跟着唱开了，接着是所有到场观看的员工也都跟着高歌起来。一时间，饭堂里歌声飞扬，声震四方，场面颇为壮观。

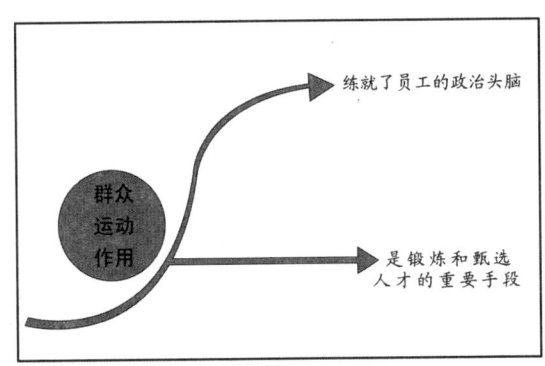

图 7.1 群众运动的作用

群众运动确实起到了神奇的功效。首先，它练就了员工的政治头脑。"运动"一般以任正非的一篇讲话为中心点，接着就是全员的学习和讨论，以及正面人物的宣传、反面人物的警示等等。这种群众运动确实起到了神奇的功效。员工明白，声势浩大的运动背后，领导讲话的字里行间，都可能预示着某种变化。那些以前不爱学习公司文件的年轻人，现在都会抢在第一时间阅读任正非的讲话稿或文章。

运动也成了锻炼和甄选人才的重要手段。但运动一多，效果就会大打折扣。

2000 年之后，华为开始有意识地减小表面"运动量"，任正非也从台前退到了幕后。以前轰轰烈烈的群众运动形式转变成了和风细雨的形式。2000 年以后的华为更像一道静静向前流淌的河流，低调但坚决地赶着自己的路。任正非这样解释促成这种变化的根本目的："有人说华为公司运行得平平静静，没什么新闻，是不是没戏了。我们说这叫'静水潜流'。表面很平静的水流，下面的水可能很深很急。倒是那些很浅的水在石头上流过去的时候才会泛起浪花。""我们现在一步一步地改革，就是为了让你们的心情也平静下来，随着潮流慢慢走。华为现在的平静，说明公司已经逐渐规范化了。"

第二节　企业文化小故事

文化是企业的灵魂，为大家认同的文化具有极强的凝聚力。文化激励在华为的创业初期曾经发挥了重大的作用。创始人任正非在初期给华为人定的一个目标是——华为有一天会变成一个世界一流的企业，华为将为此坚持不懈。于是，华为上上下下萦绕的，都是任正非的个人语录下衍生的理念。这种精神激励方式在华为发展的早期是华为飞速发展的推动力。经过多年的积累，华为建立了符合自身特色的企业文化。

故事一：我热爱我的事业

我承认我是一个技术狂热分子，十分痴迷于软件开发工作，希望我开发的软件成为业界翘楚，这是进公司时我的理想。2005 年我刚入职，参加一个新项目，因为做的事情比较新，项目组积累不多，公司那时无法上网查资料，我就买了一堆 201 上网卡，晚上加班回来就拨号，然后将资料搜集了发回公司，那个时候全身心投入到工作中，生产效率非常高，两三个月开发了 n 行代码，且测试发现的问题非常少。那时候是喜欢加班的，因为"兴奋"得舍不得走。由于我的努力项目很快取得重大进展，我也在连续两个月考评为 A 之后提前以 A 的成绩转正。虽然过去了六年了，但我始终觉得那是我最难忘的项目，项目组的同事虽已分开各处，但是每次我去深圳的时候都会去看他们，大家偶尔也会重温那段岁月，那种感觉非常好。我想我们在追求理想的时候，其中最重要的就是"热爱"，只有真正"热爱"你所从事的工作你才能坚持，才能在任何时候想出方法，才能真正不辞辛苦，也在最后才能真正感受到成功的酣畅淋漓。

2008 年遇到了虚拟机几个严重的上网问题，当时专家会诊的结果是，可能虚拟机选型有误，建议更换虚拟机。这是个大事情，那么多局点，还有虚拟机的兼容性测试。那时我对虚拟机的指令支持情况了解不多，所以也没能立即提出反对意见，不过我还是坚持给自己一个晚上的时间再决定是否更换。结果那天我一个人忙了一夜，查阅了大量的资料，终于让我证明了虚拟机是没有问题的。早晨上班前，把详细的分析报告发给专家组成员的时候，我能体会到那种"快意恩仇"的感觉。这件事情让我明白一点，不迷信权威，敢于质疑，并努力给出证据证明自己的想法是多么重要。

"用代码说话"是我一直以来的做事风格，我喜欢原型设计，喜欢编写演示性代码，作为一线设计和开发人员，其实代码是最真实的，记得一次参加一个新系统设计，去的时候设计已经进行了几个月了，连规格都整理完了，可是很多关键的地方还是"疑点重重"。秉承一贯的作风，我从熟悉的地方开始用代码验证、求索，经过一月的编码、演示和验证，终于在众多关键技术上取得实质突破，我也凭此项目的重大贡献，获得了当年软件公司技术类个人金牌奖，再次实践了我用代码说话的做事方法。

故事二：为转型，市场部集体辞职

文化案例：任何时候都要有一股危机意识，要能够在太平时期居安思危，时刻保持忧患意识

1996 年 1 月，华为发生了一件被内部人称为"惊天地、泣鬼神"的大事——市场部集体辞职。当时，华为市场部所有正职干部，从市场部总裁到各个区域办事处主任，所有办事处主任以上的干部都要提交两份报告，一份述职报告，一份辞职报告，并采取答辩方式重新进行竞聘上岗，公司根据其表现、发展潜力和企业发展需要，批准其中的一份报告。在竞聘考核中，包括市场部代总裁毛生江在内的大约 30% 的干部被替换下来。表面看来，这是华为市场部的一次重大人事变动，而任正非的真实用意，却极为深远。

创业时期的华为，依靠的是一群"土狼"的拼命精神。那时的华为，员工基本上没有休息日，晚上加班更是平常事。由于长期过度疲劳，许多高层领导都患上了各种慢性疾病。"华为的成功，使我失去了孝敬父母的机会与责任，也销蚀了自己的健康。"任正非在《我的父亲母亲》一文中所讲的这番话，是对华为艰苦创业历史的真实写照。

1995 年，随着自主开发的 C&C08 交换机市场地位的提升，华为的年度销售额达到了 15 亿元，标志着华为结束了以代理销售为主要赢利模式的创业期，进入了高速发展阶段。创业期涌现的一批个人英雄，随着公司业务的转型，许多已经无法跟上企业快速发展的步伐。企业管理水平低下的问题，也逐渐暴露出来，成了制约公司继续发展的瓶颈。正如任正非所说："华为初期的发展，是靠企业家行为，抓住机会，奋力牵引，而进入发展阶段，就必须依靠规范的管理和懂得管理的人才。"

华为当时所面临的，是整个中国社会的一个普遍问题：官只能越做越大，工资只能越升越高，免掉或降低职位，都意味着彻底的失败。因此，选择什么样的变革模式，尽量减少对人们心理所造成的冲击，是解决问题的关键。集体辞职，让大家先全部"归零"，体现了起跑位置的均等；而竞聘上岗，则体现了竞争机会的均等，这种看似"激烈"的方式的背后，实际隐含着的是一种"公平"。毛生江慷慨激昂的去职宣言，更让其他下岗干部平静许多，它充分体现了任正非高超的领导艺术：在顺利实现人员更替的同时，最大限度地保留了落选员工的面子，也为华为"干部能上能下"制度的推行打下了良好的思想基础。

2000 年 1 月，任正非在"集体辞职"4 周年纪念讲话中，对那次历史事件给予了高度的评价："市场部集体大辞职，对构建公司今天和未来的影响是极其深刻和远大的。任何一个民族，任何一个组织要是没有新陈代谢，生命就会停止。如果我们顾全每位功臣的历史，那么就会葬送公司的前途。如果没有市场部集体大辞职对华为公司文化的影响，任何先进的管理、先进的体系在华为都无法生根。"

第三节 奋斗文化

军人出身的任正非喜欢谈论上甘岭战役：美军当年用电脑模拟推演，认为可以在一天内拿下阵地，可后来的结果却让美军大跌眼镜。原因在于电脑只能模拟常规性的东西，不可能模拟得出有人会去堵机枪眼，有人身上着火也会一动不动，这就是精神的力量。

物质资源终会枯竭，唯有文化才能生生不息。一个高新技术企业，不能没有文化，只有文化才能支撑她持续发展，华为的文化就是奋斗文化，它的所有文化的内涵，都是来自世界的、来自各民族的、伙伴的……甚至竞争对手的先进合理的部分。若说华为没有自己的核心文化，那就剩下奋斗与牺牲精神算我们自己的吧！其实奋斗与牺牲也是从别人那里抄来的。有人问我，您形象地描述一下华为文化是什么。我也不能形象地描述什么叫华为文化，我看了电影《可可西里》以及聋哑演员表演的《千手观音》后，我想他们的精神就叫华为文化吧！对于一个新员工来说，要融入华为文化需要一个艰苦过程，每一位员工都要积极主动、脚踏实地地在做实的过程中不断去领悟华为文化的核心价值，从而认同直至消化接纳华为的价值观，使自己成为一个既认同华为文化，又能创造价值的华为人；只有每一批新员工都能尽早地接纳和弘扬华为的文化，才能使华为文化生生不息。

任正非表示："艰苦奋斗是华为文化的魂，是华为文化的主旋律，我们任何时候都不能因为外界的误解或质疑动摇我们的奋斗文化，我们任何时候都不能因为华为的发展壮大而丢掉了我们的根本——艰苦奋斗。"

对于不需要守在电脑边的市场人员来说，其实也一样需要加班，只是地点不同。虽然他们看上去西装革履，满面春风，每天陪客户吃喝玩乐，但是同样面临极大的压力，工作辛苦，生活没有规律，影响家庭。

任正非对员工以办公室为家的情况也很了解，早在1996年他就曾在其题为《不要忘记英雄》的演讲中指出："要逐步减少加班，使员工的身体健康得到保障。有健康的身体，才有利思想上艰苦奋斗。我们要对早期参加工作消磨了健康的员工，有卓越贡献而损害了健康的员工，对担子过重而健康不佳的中高级干部提供更好的疗养条件，使他们恢复健康。百年树人，不能因一时的干旱，毁坏了我们宝贵的中坚力量。"

在华为创办20多年后，任正非重新强调"奋斗文化"这一主题，源于2006年的"胡新宇事件"。当胡新宇因加班而失去年轻生命的时候，人们不禁发出疑问，昔日曾笼罩在层层光环下的"狼性文化"过时了吗？因此任正非的这篇《天道酬勤》可谓是为时而作。他这样写道："世间管理比较复杂困难的是工业，而工业中最难管理的是电子工业。电子工业有别于传统产业的发展规律，它技术更替、产业变化迅速，同时，没有太多可以制约它的自然因素。例如，汽车产业的发展，受钢铁、石油资源及道路建设的制约。而用于电子工业的生产原料是取之不尽的河沙、软件代码、数学逻辑。止是这一规律，使得信息产业的竞争要比传统产业更激烈，淘汰更无情，后退就意味着消亡。

要在这个产业中生存，只有不断创新和艰苦奋斗。而创新也需要奋斗，是思想上的艰苦奋斗。华为由于幼稚不幸地进入了信息产业，我们又不幸学习了电子工程，随着潮流的一次次更替，被逼上了不归路。创业者和继承者都在销蚀着自己，为企业生存与发展顽强奋斗，丝毫不敢懈怠！一天不进步，就可能出局；三天不学习，就赶不上业界巨头，这是严酷的事实。"

任正非分析说，华为之所以能在 2000—2003 年的 IT 泡沫破灭的艰难时期活下来，是因为华为当时在技术和管理上太落后，而这种落后让公司没能力盲目地追赶技术驱动的潮流。但是，如今西方公司已经调整过来，不再盲目地追求技术创新，而是转变为基于客户需求的创新，华为再落后就会死无葬身之地。再者，信息产业正逐步转变为低毛利率、规模化的传统产业。2005 年 10 月，爱立信收购马可尼；2006 年 3 月，阿尔卡特与朗讯合并；2006 年 6 月，诺基亚与西门子联合宣布将两家公司的电信设备业务合并……这些兼并、整合为的就是应对这种挑战。而华为相对还很弱小，要生存和发展就必然面临更艰难的困境，只能用别人看来很"傻"的办法，就是艰苦奋斗。

任正非指出，华为走到今天，在很多人眼里看来已经很了不起了，已经很成功了。有人认为创业时期形成的"床垫文化"、奋斗文化已经过时了，可以放松一些，可以按部就班，这是很危险的。任正非表示："繁荣的背后，都充满危机，这个危机不是繁荣本身必然的特性，而是处在繁荣包围中的人的意识。艰苦奋斗必然带来繁荣，繁荣后不再艰苦奋斗，必然丢失繁荣。'千古兴亡多少事，不尽长江滚滚来'，历史是一面镜子，它给了我们多么深刻的启示。我们还必须长期坚持艰苦奋斗，否则就会走向消亡。当然，奋斗更重要的是思想上的艰苦奋斗，时刻保持危机感，面对成绩保持清醒头脑，不骄不躁。"

而这个繁荣，事实上也是华为人通过艰苦奋斗获得的。为了将这种繁荣维持下去，华为必须继续奋斗下去。任正非表示："我们在GSM上投入了十几亿研发经费，多少研发工程师、销售工程师为之付出了心血、努力、汗水和泪水。在1998年我们就获得了全套设备的入网许可证，但打拼了8年，在国内无线市场上仍没有多少份额，连成本都收不回来。2G的市场时机已经错过了，我们没有喘息，没有停下来，在3G上又展开了更大规模的研发和市场开拓，每年近10亿元的研发投入，已经坚持了七八年，因为收不回成本，华为不得不到海外寻找生存的空间……

"自创立那一天起，我们历经千辛万苦，一点一点地争取到订单和农村市场；另一方面我们把收入都拿出来投入到研究开发上。当时我们与世界电信巨头的规模相差200倍之多。通过一点一滴锲而不舍的艰苦努力，我们用了10余年时间，终于在2005年，销售收入首次突破了50亿美元，但与通信巨头的差距仍有好几倍。最近不到一年时间里，业界几次大兼并：爱立信兼并马可尼，阿尔卡特与朗讯合并，诺基亚与西门子合并，一下子使已经缩小的差距又陡然拉大了。我们刚指望获得一些喘息，直一直腰板，拍拍打打身上的泥土，没想到又要开始更加漫长地艰苦跋涉……

"华为于茫然中选择了通信领域，是不幸的，这种不幸在于，所有行业中，实业是最难做的，而所有实业中，电子信息产业是最艰险的；这种不幸还在于，面对这样的挑战，华为既没有背景可以依靠，也不拥有任何资源，因此华为人尤其是其领导者将注定为此操劳终生，要比他人付出更多的汗水和泪水，经受更多的煎熬和折磨。唯一幸运的是，华为遇上了改革开放的大潮，遇上了中华民族千载难逢的发展机遇。公司高层领导虽然都经历过公司最初的岁月，意志上受到一定的锻炼，但都没有领导和管理大企业的经历，直至今天仍然是战战兢兢，诚惶诚恐的，因为十余年来他们每时每刻都切身感悟到做这样的大企业有多么难。多年来，唯有以更多身心的付出，以勤补拙，牺牲与家人的团聚、自己的休息和正常的生活，牺牲了很多平常人都拥有的亲情和友情，销蚀了自己的健康，经历了一次又一次失败的沮丧和受挫的痛苦，承受着常年身心的煎熬，以常人难以想象的艰苦卓绝的努力和毅力，才带领大家走到今天。

"18年来，公司高层管理团队夜以继日地工作，有许多高级干部几乎没有什么节假日，24小时不能关手机，随时随地都在处理随时发生的问题。现在，更因为全球化后的时差问题，总是夜里开会。我们没有国际大公司积累了几十年的市场地位、人脉和品牌，没有什么可以依赖，只有比别人更多一点奋斗，只有在别人喝咖啡和休闲的时间努力工作，只有更虔诚对待客户，否则我们怎么能拿到订单？

"为了能团结广大员工一起奋斗，公司创业者和高层领导干部不断地主动稀释自己的股票，以激励更多的人才加入到这从来没有前人做过和我们的先辈从未经历过的艰难事业中来，我们一起追寻着先辈世代繁荣的梦想，背负着民族振兴的希望，一起艰苦跋涉。公司高层领导的这种奉献精神，正是用自己生命的微光，在茫茫黑暗中，带领并激励着大家艰难地前行，不论前进的道路上有多少困难和痛苦，有多少坎坷和艰辛。"

华为开发国内市场已然充满了艰辛，可是在进行海外市场的开拓时，才发现那里的竞争更加激烈，生存更加艰难，如果没有艰苦奋斗的精神，华为的国际化步伐将是寸步难行。华为如今获得的国际化成就正源自无数华为人舍身忘己的奉献精神。任正非表示："中国是世界上最大的新兴市场，因此，世界巨头都云集中国，公司创立之初，就在自己家门口碰到了全球最激烈的竞争，我们不得不在市场的夹缝中求生存；当我们走出国门拓展国际市场时，放眼一望，所能看得到的良田沃土，早已被西方公司抢占一空，只有在那些偏远、动乱、自然环境恶劣的地区，他们动作稍慢，投入稍小，我们才有一线机会。为了抓住这最后的机会，无数优秀华为儿女离别故土，远离亲情，奔赴海外，无论是在疾病肆虐的非洲，还是在硝烟未散的伊拉克，或者是海啸灾后的印尼以及地震后的阿尔及利亚……到处都可以看到华为人奋斗的身影。我们有员工在高原缺氧地带开局，爬雪山，越丛林，徒步行走了 8 天，为服务客户无怨无悔；有员工在国外遭歹徒袭击头上缝了 30 多针，康复后又投入工作；有员工在飞机失事中幸存，惊魂未定又救助他人，赢得当地政府和人民的尊敬；也有员工在恐怖爆炸中受伤，或几度患疟疾，康复后继续坚守岗位；我们还有 3 名年轻的非洲籍优秀员工在出差途中飞机失事不幸罹难，永远地离开了我们……18 年的历程，十年的国际化，伴随着汗水、泪水、艰辛、坎坷与牺牲，我们一步步艰难地走过来了，面对漫漫长征路，我们还要坚定地走下去。"

　　这篇文章是任正非 2006 年 7 月 21 日刊发在华为公司内部刊物《华为人》（第 178 期）头版头条的。任正非在不断强调危机意识之时，再次重申华为企业文化的原点："不奋斗，华为就没有出路"。这也是对网络热炒"过劳死""床垫文化"等指责的非正式回应，同时，在内部员工层面实现了高度统一的认识。随着这篇文章很快流传开来，华为对"艰苦奋斗"精神的坚持很快赢得了社会公众的支持，而原先喧嚣于网络的指责之声也日渐沉寂了下去。一场公关危机从万夫所指到后来的逐渐平息，显示了任正非在处理企业危机时的果敢与坚决。

第四节 从自我批判中崛起

2001年，华为组建了预研工作组，同时启动3G核心网控制面和承载面设备预研，以实现华为软交换控制和承载分离的解决方案，正式开始了软交换的艰难探索。

移动软交换，架构的搭建是比较关键的。采用何种架构模型，决定了今后产品的发展。2001年底华为用iNET（增强遥测综合网）应对软交换的潮流，当华为专家拿着Musa平台的iNET架构和信息产业部电信专家交流软交换时，信息产业部专家直言华为不懂软交换，同时将其排除在国内运营商试验局的门外。当头棒喝，从1995年启动的移动核心网交换机，华为的市场份额总是长不大，7年后更是到了即将被业界淘汰的境地！

重创之下，深刻反思。2002年夏天，华为开发团队从核心网、平台部门和中研部挑出十几位不同背景的高级专家，在高培中心封闭研讨架构模型设计。一周后终于达成一致，开发团队决定推倒重来，重新设计的体系至少要能支持未来5年的发展需要。新的模型将承载和业务真正彻底分开，更具灵活性、更适应移动领域的业务特点。这次封闭研讨，参加的都是技术、业务的领军人物，在争论中，大家深刻反思自身的不足和前期犯下的错误，团队的融合加速，真正地走到了一起。

当时移动软交换的"两杆枪"之一的张浩向项目组签了军令状，由他带领几位兄弟搞定编程。憋着一口气，他们最终按时完成，而且基本是零BUG（漏洞），为今后产品的稳定性打下了坚实的基础。

"工作已取得高绩效；思想品德符合要求并具有自我批判能力；具备领导素质。这三要素是华为公司干部选择的原则。""人力资源部管理变革的目的是建立一支强有力的、英勇善战、不畏艰难困苦、能创造成功的战斗队列，这队列中的领军人应该有使命感与负责精神、敬业而有工作热情，并具有自我批判能力。"

华为出台的有关人力资源管理变革和干部管理的有关文件，都传递着一个强烈的信息：呼唤干部队伍的尽快成长，期待着干部的尽快成熟。

经过20多年的艰苦奋斗，华为已经确定愿景、使命和核心价值观，探索出公司的商业模式和内在运作模式，经过正确的战略布阵，面对着千载难逢的市场机会，华为面临着难得的发展机遇。在华为点将排兵的关键时期，华为领导对干部成长的紧迫感，溢于所有文件的字里行间。

任正非在GSM（全球移动通信系统）鉴定会会后说道："华为开始从幼稚走向成熟。开始明白，一个企业长治久安的基础，是它的核心价值观被接班人确认，接班人具有自我批判能力。华为公司从现在开始一切不能自我批判的员工，将不能再被提拔。3年以后，一切不能自我批判的干部将全部免职，不能再担任管理工作。通过正确引导以及施加压力，再经过数十年的努力，公司内将形成层层级级的自我批判风气。组织的自我批判将会使流程更加优化，管理更加优化；员工的自我批判将会大大提高自我素质。成千上万的各级岗位上具有自我批判能力的接班人的形成，就会使企业的红旗永远飘扬下去，用户就不会再担心这个公司垮了谁去替他维护。用户不是在选择产品，而是在选择公司，选择对公司文化的信任程度。"

2000 年 9 月 1 日，华为召开了一场特殊的"颁奖大会"，参加者是研发系统的几千名员工，几百名研发骨干被一个个点名到主席台"领奖"，奖品是几年来华为研发、生产过程中，因工作不认真、测试不严格、盲目创新等人为因素导致的报废品以及因不必要的失误导致的维修所产生的各种费用单据等。当时每一个获奖者都面红耳赤，台下一片唏嘘，任正非要求每个获奖者把"奖品"带回家，放到客厅最显眼的地方，每天都看一看。

这场隆重的"颁奖大会"实际上是华为一场深刻的自我批判活动，任正非说："只要勇于自我批判，敢于向自己开炮，不掩盖产品及管理上存在的问题，我们就有希望保持业界的先进地位，就有希望向世界提供服务。"

"吾日三省吾身"，华为强调自我批判，一个企业长治久安的基础是接班人承认公司的核心价值观，并且有自我批判能力，要世世代代传承下去的就是自我批判的能力。

自我批判的能力，实质上也是一个人自我领导、自我管理的理智力、自律力和内在控制力。通过理智的引导进行自我剖析，重新审视自我的愿景、价值观和心智模式。自我批判的过程就是一个思想上、观念上去糟粕，纳精华，进而不断升华和成长的过程，是人生从"必然王国"到"自由王国"的过程，是到达随心所欲而不逾矩境界的必由之路。

企业文化的作用

企业文化的作用一般表现在以下几个方面：

1. 激励员工工作

企业文化管理模式一方面采用个人激励的手段与方法，例如晋升可以赋予个人更多的责任与权利，在企业内部创造一种相互尊重、平等、民主的气氛等，激励员工追求出色工作的愿望和在出色的企业中工作的要求；另一方面又采取群体激励的方法，如为企业员工提供统一的价值观念，形成具有战斗力的团队精神等，满足员工在出色的企业中工作的愿望。企业通过企业英雄人物、典礼仪式及文化网络等因素的强化，为企业员工实践价值追求提供了机会，对个体行为的积极性产生了更持久、更广泛的影响。

2. 导引企业的经营管理

企业文化包含的企业价值观和经营目标记录了企业在过去成功与失败的经验以及企业决策者为企业制定的发展前景。可以说，企业的经营管理离不开企业文化的导向。其具体功能体现在以下两方面：

（1）超前引导

企业对人才的培养内容不仅包括科学技术知识，而且还包括企业文化精神的内容。通过这种企业精神的培训，使企业精神在员工心中达成共识，引导员工齐心协力，为实现企业的共同远景做出贡献。

（2）对员工行为的跟踪引导

企业文化管理模式主张把代表企业精神的企业价值观变为具体的依据和准绳，使员工能够随时参照，并依此控制自我，使自己在企业的生产经营活动中不致脱离企业的大目标。

3. 增强员工的凝聚力

当个人价值观与企业价值观融为一体时，企业成员才会感到自己不仅是在为企业工作，也是在为自己工作。这种员工与企业的和谐一致，能够激发起员工强烈的归属感和自豪感，使员工感觉到企业目标的实现也意味着个人利益需求的实现。这样就能最大限度地激励员工为实现企业的崇高目标而勤奋工作、积极进取。

4. 规范与约束员工的行为

在具有强烈文化气氛的企业中，企业价值观引导和约束人们的行为，使之符合企业整体的价值标准。在企业文化的引导与约束下，员工能自觉意识到应该做什么事、应该提倡什么，从而对产品和服务的质量精益求精，对顾客和消费者高度负责，为企业提高美誉度和知名度。

5. 协调企业与社会的关系

企业作为社会有机体中的细胞，它的生存与发展一方面依赖社会向它提供的必要的生存空间，另一方面企业也要承担起它对社会应负的责任。企业文化中崇高社会目标的规定、企业文化网络的建立等为企业如何协调与社会的关系，提供了有利的前提。

可想而知，人们在一种先进的企业文化氛围中工作，会充满自豪感和主人翁精神，会忘我地、创造性地工作，并井然有序、高效精确，人际关系融洽，减少内耗与效率损失，还能取得政府、社区和消费者的广泛支持，减少工作中大量不必要的冲突与摩擦。企业的效益会因此大大提高。

金香蕉故事与奖励学问

　　美国有一个关于金香蕉的故事。在福克斯波罗公司早期，急需一项关系公司性命的技术改造。一天深夜，一位科学家拿了一台能够解决问题的原型机，闯进总裁的办公室。总裁听了这个主意非常妙，简直难以置信，就琢磨着怎样给予奖励。他弯下腰把办公桌的大多数抽屉都翻遍了，总算找到了一样东西，于是躬身对那位科学家说："这个给你！"他手上拿的竟是一只香蕉，而这是他当时能拿得出的唯一奖酬了。自此以后，香蕉演化成小小的"金香蕉"形别针，作为该公司对科学成就的最高奖赏。区区一只香蕉，竟然可以作为奖品，而且可以取得神奇的效果，真让人大开眼界，也让人从中领悟到奖励的学问。

　　奖励要及时。人在社会生活中，都有希望受到尊重和自我实现的需要。一个人在做出成绩和贡献时，希望得到领导的奖赏和社会的肯定，这种肯定和奖赏，越直接越及时，效果越好。有关研究表明，人的行为动机来源于外界施加于个体身上的强化，这种强化决定了个体今后行为活动的愿望强度和行为活动的方向目标。总裁及时对福克斯波罗公司的科学家给予奖励，尽管奖励微薄，但在那种特定的环境和条件下，由于做到了及时，足以体现出礼轻情意重，具有极强的政策导向作用。

　　态度要真诚。俗话说，人心换人心，黄土变成金。赞扬员工，奖赏员工，态度一定要真诚，实在，发自内心，使员工从心里感受到领导是在真心赞扬自己，尊重自己，即使奖励不多，也会高兴的。福克斯波罗公司的总裁很聪明，虽在那种场合下只找到一只香蕉，但态度十分谦恭，躬身递给科学家，其行可谅，其意可嘉，其情可感。

与人分享快乐。实践证明，当一个人取得成果、做出贡献时，除了自己喜不自胜外，还希望让别人分享这种喜悦。由衷地为别人的成绩高兴，真心地分享别人的喜悦，对他人也是一种鼓励，一种赞誉，一种崇敬。总裁对科学家的报喜立即做出回应，一样发自内心的高兴。这种情不自禁的举动也会感染科学家，使其更加奋发图强。

奖励是一门学问，也是一门艺术。在现实生活中，我们也看到这样一些情况，有的公司对员工的奖励不及时，不问具体情况，都要集中到年终一次性进行，做了好事的员工早已心随境迁，没了那股热劲；有的年终奖迟迟不发放，只听楼梯响，不见人下来，让员工望眼欲穿；有的奖励承诺不兑现，看见员工奖励拿多了一点就眼红，想方设法要克扣一点，减少一点，这些都挫伤了员工积极性。看看福克斯波罗公司的经验，还真应动动脑筋，改进改进，使奖励更好地发挥激励员工的作用。

（本文摘编自《金香蕉故事与奖励学问》，作者：徐叔衡，来源：证券时报，2008）

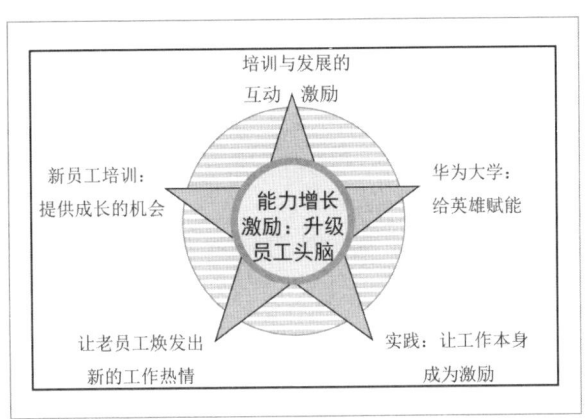

每个人都有发展自己能力的需求，而培训激励和工作内容激励可以满足员工这方面的需求。由培训带来的能力增值激励对青年人尤为有效。通过培训，可以提高员工实现目标的能力，为承担更大的责任、更富挑战性的工作及提升到更重要的岗位创造条件。

第一节 培训与发展的互动激励

如今，企业知识型的员工日益增加，对于注重个性的自由发挥和实现自己人生价值的新一代员工来说，单纯的经济激励未必见效。他们更看重的是企业能否给自己提供发展的机会。发展需要培训，培训促进发展。培训与发展的互动作用就是激励。

"为帮助员工不断超越自我，公司建立了各种培训中心。培训很重要，它是贯彻公司战略意图、推动管理进步和培训干部的重要手段，是华为公司通向未来、通向明天的重要阶梯。你们要充分利用这个'大平台'，努力学习先进的科学技术、管理技能、科学的思维方法和工作方法，培训也是你们走向成功的阶梯。当然您想获得培训，并不是没有条件的。"任正非如是说。

华为素有 IT 界的"黄埔军校"的盛誉，华为培养出来的员工在为华为创造出"爆炸式"高速成长奇迹的同时，也成了通信业各大企业争相追逐的对象。工作 1~2 年的华为员工，大多数人都接到过猎头公司的电话。中国人民大学教授、著名人力资源管理与管理咨询专家彭剑锋认为，在他所接触到的中国本土企业中，华为是在人力资源培训开发方面倾注热情最大、资金投入最多的公司。

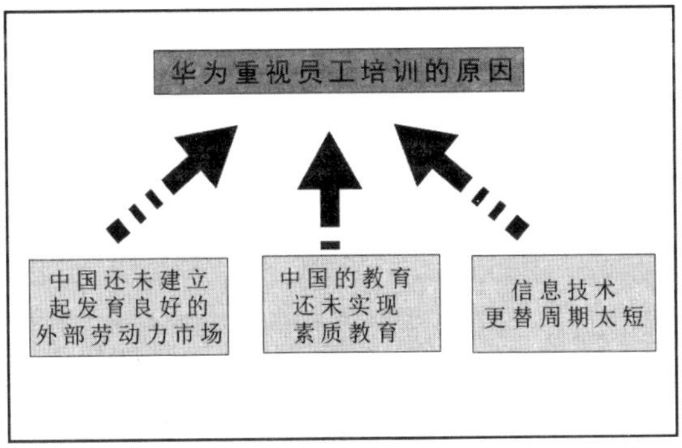

图 8.1 华为重视员工培训的原因

至于原因，任正非在其文章《华为的红旗到底能打多久》中给出了解答："华为公司十分重视对员工的培训工作，为此每年的付出是巨大的。一是因为中国还未建立起发育良好的外部劳动力市场，不能完全依赖在市场上解决；二是中国的教育还未实现素质教育，刚毕业的学生上手能力还很弱，需要培训；三是信息技术更替周期太短，老员工要不断充电。公司有多少种员工培训中心，我也不清楚。总之员工之间的相互培训，已逐渐形成制度。"

《华为公司基本法》第九条明确写道："我们强调人力资本不断增值的目标优先于财务资本增值的目标。"第七十三条写道："我们将持续的人力资源开发作为实现人力资源增值目标的重要条件。实行在职培训与脱产培训相结合，自我开发与教育开发相结合的开发形式。"为达到这样的目标和规范，华为建立了完善的员工培训体系，为员工创造了丰富的学习机会和良好的知识共享氛围。

总结起来，华为的培训体系具有这样的几个特点：

1.培训规模大、系统完善。华为建立了一个全球性的培训中心网络，对全球数万名员工进行培训。华为的海外培训中心已达31个，覆盖拉美、亚太、中东、北非、独联体等地区。在国内，除了位于深圳的培训总部外，华为在北京、广州、南京、昆明、杭州、重庆等地都建立了区域培训中心。2014年，仅华为总部培训中心就对71848人次的员工进行了培训，总培训时间达到104915.6天（1天以7小时计）。华为培训体系是一个"分类分层、系统完善"的体系，包括新员工培训系统、管理培训系统、技术培训系统、营销培训系统、专业培训系统和生产培训系统。

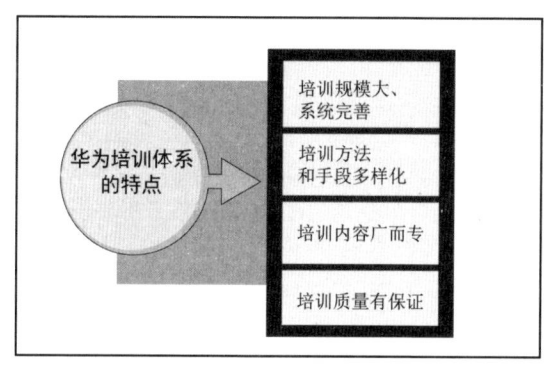

图 8.2 华为培训体系的特点

2. 培训方法和手段多样化。华为培训包括在职培训和脱产培训。包括华为大学在内的华为全球培训中心为员工提供了众多培训课程。华为还建立了一套有效的导师制度，每位新员工到岗后，部门都会安排一位资深员工作为其导师，在工作、生活等方面为其提供帮助和指导，使新员工尽快适应华为。在新员工成为正式员工前的三个月里，导师要对新员工的绩效负责。同时，华为建立了3MS内部共享平台，该平台包含丰富的业务资料信息、案例、社区栏目和WIKI知识共享栏目等，为公司员工提供了便捷的在线知识共享和合作平台。此外，华为还以座谈会、老专家沟通与访谈的方式促进员工学习发展。

任正非在其文章《不要忘记英雄》中这样说道："我们要特别对从前方回来的员工提供更多的培训机会，改进培训的手段，大力发展电子化教学，使公司各种好的培训能普及到天涯海角。我们任何一个到前方去的技术与管理人员，都至少要抽一个小时在办事处讲一课。

做不到这一点的，考核中的团结合作，就要打折扣。每一个市场人员，都要利用点滴时间自我培训，每天、每时，与每一个人打交道，您都是受着不同方位的培训，只是您不自觉罢了。"

3.培训内容广而专。华为的培训内容涉及众多领域。以岗前培训为例，为了帮助新员工尽快融入华为，华为大学对新员工进行企业文化、组织流程、产品知识、营销技巧等多方面培训。此外，华为为不同的职业资格、级别及类别的在职在岗员工制订了不同的培训计划，有针对性地对员工进行技术、管理培训，为每个员工的事业发展提供有力的帮助。为适应国际化发展战略，公司要求广大员工学英语、懂英语。各体系、各部门根据自身业务状况，推出了相应举措和办法，包括联系外语培训机构开展集中培训、开办英语角、引进托业考试、开发专业英语学习小册子、开展海内外员工轮换交流活动等等。

4.培训质量有保证。华为培训体系聚集了一流的教师队伍、教学技术和教学环境，拥有专、兼职培训教师千余名。这些教师都经过了严格的程序评估和筛选。他们中间既有资深的培训师，也有经验丰富的华为专家和工程师，这是员工通过培训获得工作相关知识技能的保障。此外，华为定期特邀业内权威专家及知名大学资深教授前来授课，以保证公司总处在最新技术、业务及管理科学发展的前沿。为使广大员工以更好的心态面对工作和生活，华为还聘用了一批德高望重的退休专家和教授来华为工作，他们拥有丰富的人生经验和科学的研究方法，通过思想交流和情绪疏导，他们能有效地帮助员工树立正确观念、掌握科学方法，促进员工成长、发展。

任正非认为，将来股票也可能是华为公司的灾难，为此，需要不断地输入新鲜血液。2009年，任正非在一次会议上这样说道："会不会有一天资本化后，突然非常多的人太富，导致战斗力减弱。所以要招聘一批胸怀大志、一贫如洗的人进来，他有饥饿感，又有本事，经过我们的平台两三年锻炼后，就会明白怎样现代化作战。我相信有我们的平台锻炼、培养和激励他们，将来三十几岁的人也能指挥华为公司。这样我们能保持华为这个公司充满了奋斗精神，对他们的激励是合理的，保持长期奋斗；母公司会不断地往子公司输出人才。"

新员工培训：提供成长的机会

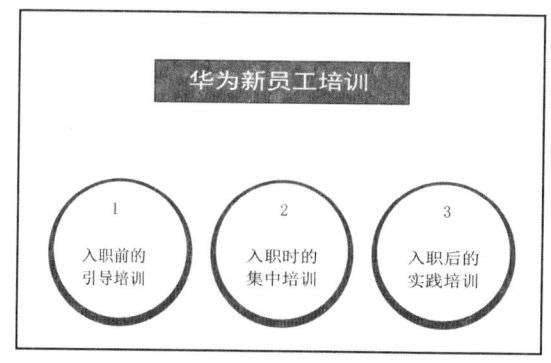

图 8.3 华为新员工培训的三个阶段

对待新员工，重点是培养，提供成长的机会。新员工自己感到能力的提升往往是最好的激励手段。

随着华为招入的高校毕业生人数逐年增多，对员工的培训越来越多，培训的时间越来越长，花费的成本也越来越大。同时，华为对新员工的要求也越来越严，每年被淘汰的人也不在少数。2001 年左右，任正非曾专门谈过华为新员工的培训问题。当时，华为每年大约招聘3000 名应届毕业生，公司专门成立了新员工培训大队，分若干中队，高级干部包括副总裁在内都担任中队长。新员工实行封闭式学习，军事化管理，学习时间短则半个月、3 个月，长则半年、1 年。

华为对新员工的培训，可以划分为三个阶段：入职前的引导培训，入职时的集中培训，入职后的实践培训。实践培训是三个阶段的重点。

入职前的引导培训

华为的校园招聘一般安排在每年的 11 月份。对拟录用的人员，华为会将他们安排到各个业务部门，并提前安排每人的导师。为防止拟录用人员在毕业前这个阶段的变化，华为要求导师每月必须给他们打一次电话，通过电话进行沟通，了解他们的个人情况、精神状态、毕业论文进展、毕业离校安排等，并对他们进行未来岗位情况的介绍，提出岗位知识学习要求等等，让他们为顺利走向岗位做好思想上的准备。

入职时的集中培训

新员工入职后，华为要对他们进行为期 5 天的集中培训，要全部到深圳总部进行。这个阶段的培训时长已经比过去大大压缩了，培训的内容侧重华为有关政策制度和企业文化两个方面。也就是说，作为一个新人，应该对华为了解些什么，应该清楚公司的政策制度为什么这样规定，应该清楚自己作为华为一员的基本行为规范，等等。

华为还有一篇《致新员工书》，是任正非在华为创业之初写的文章，把华为的文化和对新员工的要求全部融入其中。还有一部新员工必看的电影——《那山，那人，那狗》，讲的是一个山区邮递员的故事，影片倡导的敬业精神，正是华为追求的价值观。

在整个新员工培训的过程中，企业文化是首先要学习的，目的是让新员工从思想上统一认识。新员工培训期间写的一些个人感受，后来被编成了一本书，名为《第一次握手》，成为新员工培训的参考教材之一。

华为对所有的新员工以同样的标准来要求，从一开始就培养团结合作、群体奋斗的精神，提高集体奋斗的意识。真正工作后，会放松对个性的管理，适当展现员工的个性，有了这种集体奋斗的土壤，个性的种子才能长成好的庄稼。除刚毕业的学生外，一些从社会上招聘的员工也会接受时间不等的培训。

入职后的实践培训

在集中培训结束后，华为会针对新员工的工作岗位安排，进行有针对性的实践培训。

华为有70%的业绩来自海外，但对新进的国外营销类员工，不可能立刻派去海外实践，必须在国内锻炼一下。公司会安排他们在国内实习半年到一年，通过这些实践掌握公司的流程、掌握工作的方式方法、熟悉业务，过一段时间再派到海外去。

对技术类员工，会首先带他们参观生产线，让他们对接产品，了解生产线上组装的机器，让他们看到实实在在的产品。华为曾经调查过，发现很多员工不知道基站是什么样子。所以，要让他们对接产品，让他们参观展厅和生产线上组装的机器，让他们看到实实在在的产品。同时，研发人员在上岗前，还会做很多模拟项目，以快速掌握一门工具或一些工作流程。

新员工全部在导师的带领下，在一线进行实践，在实战中掌握知识、提高自己。在入职之前，华为会组织导师和新人奔赴各地，做软件训练营。而训练营设计的内容，公司会将研发流程、研发规范、培训材料发给他们先自学两天，训练开始时会由专业讲师进行案例教学，帮助员工了解这些流程规范。之后，再用大约3天的时间去演练，并且会拿真实的场景和项目，让学生在机房里提前做编程。最后一天会针对之前培训的内容进行考核，检验他的成果。

第三节 华为大学：给英雄赋能

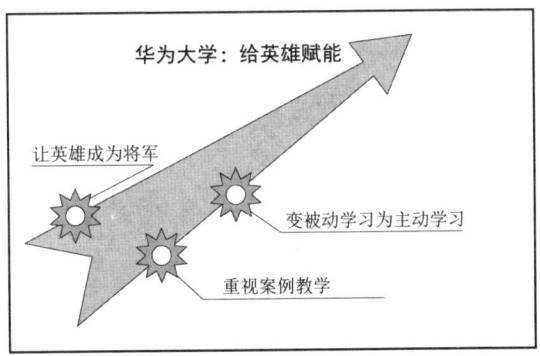

图 8.4 华为大学的作用

每个人都渴望拥有一定的社会地位，都想在组织中出人头地，成就是现代员工最主要的欲望。就员工个人而言，对知识、事业和个体成长的不懈追求，某种程度上超过了对组织目标实现的追求。如果组织能为其提供不断学习、训练的机会，增长其职业技能和职业品质，又能为其发展提供必需的资源，使其能施展才能，英雄有用武之地，就能使员工的自我实现需要得到极大的满足。这无疑能够增强组织的吸引力及员工的归属感和责任感。

华为 2005 年正式注册了华为大学。"培养将军"一直以来是任正非成立华为大学的初衷。"你们是否能够喊出'这里是将军的摇篮'的口号？如果不这样，你们就会脱离这个时代，就像在世外桃源一样，就没有和现在形势的紧迫感结合起来，你们的重要作用就没有得到公司各个部门的认同。"这是任正非对华为大学的要求。

让英雄成为将军

为什么不可以让英雄走向将军之路呢？自古以来，英雄都是班长以下的战士。那么英雄将来的出路是什么呢？要善于学习，扩大视野，提升自己的能力。不仅要产粮食，而且要把"五个一"工程提前完成。然后，我们把他们送去需要的地方奋斗，我们暂且叫他们"准将"，准备当将军。"准将"并不是高于大校的职位，而是准备当将军的士兵。因为艰难环境考验了你，你是英雄，如果只是发个奖章戴着，还只是奖章；如果我们给英雄赋能，就会不同。

片联说这个地方需要谁，就让他在那里堵机枪，但身体已经被打穿了7个孔，还堵得住吗？你就拉回来到重装旅、重大项目部或项目管理资源池去循环培训，然后他也达到了跟别人同级的水平，别人只能定个上尉，他就可以定高一些。这样激励那些曾经历英雄考验的人，在华为能比别人更容易担负起担子来。

变被动学习为主动学习

为了激发华为大学的学生主动学习，任正非甚至要求华为大学采取收学费的措施，这不同于一般企业大学的免费模式。

2011年，任正非在华为大学干部高级管理研讨班上这样说道："恭喜大家成为华为大学第一届自费大学生，我们要继续推行这种路线，在公司内部，除了收学费，停产学习还要停薪；教材也要卖高价，你想读书你就来，不想读书你就不要来。交学费不吃亏，为什么不吃亏呢？因为学好了能力就提升了，出绩效和被提拔的机会就多了；即使没学好被淘汰了，说不定是现在退一步，而将来能进两步呢？所以投资是值得的。以后收费标准可能会越来越高，交学费、停薪就是要让你有些痛，你才会努力。我们这样做是为了增进三个造血功能：一是学习提高了你的能力，就好像你增加了健康血液；二是华为大学有了收入，会办得更好，它的血液循环更厉害，更优秀；三是公司得到了大量的后备干部，增进新鲜的血液。

收学费的目的是要将以往的被动培养变为自我培养。2010年，任正非与财经体系员工座谈时提到："培养不是等待被培养，而是自我培养、自我成长。对选拔上岗的干部，重点培训，有针对性地查漏补缺，他们受到特别的关爱，不收他们一点钱，别人会心态不平衡，这叫有偿培养。要改变过去'单点输入'的培养制，在干部选拔的过程中，触发有针对性的培养。"

主动学习方式筛选出来的，大多都是精英级别的人物，华为需要普通员工，但在未来的道路上更需要这类精英员工。任正非表示："华为大学就应该是个赚钱的大学。华为大学将来要想大发展，就一定要赚到钱，将来没人拨款给你。

"华为大学的老师在后备干部培养这一系中，是组织者，不是传授者，如果他们是传授者，水平就限制在一定高度了。我们的学习就是启发式的学习，这里没有老师上课，只有'吵架'，吵完一个月就各奔前程，不知道最后谁是将军，谁是列兵。相信真理一定会萌芽的，相信随着时间的久远，会有香醇的酒酿成的。

"当然不同的系，教学方法不一样，他们不一定是采取案例讨论的方式，但在案例讨论冲击下的教师队伍，也会成为另一种将军，驰骋在其他讲坛上，包括你的领导力、项目管理等课程，列出收费标准，鼓励大家自学，脱产学习。"

重视案例教学

案例教学是华为一直以来沿用的重要教学方法。在任正非看来："所有的教学案例都要来自华为和社会的真实性案例，本本主义的案例一个也不要。真实的案例虽然不可能成为很好的培训教材，至少它是正在使用的，这是别人做成功的，如果你认为案例还有欠缺，你可以去补充。关起门来编的案例，都是想当然的，打起仗来决不会用到。课程不要盲目正规化。"

2010 年，任正非在《以"选拔制"建设干部队伍，按流程梳理和精简组织，推进组织公开性和均衡性建设》文章中详细说明了干部后备队的案例学习。任正非表示："我认为干部后备队的案例学习，可以分四个阶段：

"第一阶段先从启发式学习开始，先读好教义，最好每天都考一次试，来促进学员的通读。胡厚崑、徐直军领导主编的这些教义很好，我想不到会编得这么好，它凝聚了全体编委及大家的心血，也许他们的努力会记入史册的。考完试以后老师先别改卷子，直接把考卷贴到心声社区，贴到网上去，让他的部下、他的周边看看他考得怎么样，给他学习的压力。

"第二阶段自己来演讲，演讲的内容不能说我学了好多理论，我就背那个条条，这种演讲是垃圾。讲你在实践中，你做了哪些事符合或不符合这个价值观，只要你自己讲，我认为都是合格者，不合格者就是那些不动脑筋混的，喊着口号、拍马屁拍得最响的，就是不合格分子。你的演讲稿子和你讲的故事，必须有三个证明人，没有证明人就说明你是编出来的，你在造假，你在骗官。要把证明人的职务、工号、姓名写清楚。你一写完一讲完，我们马上将你写的、讲的贴到心声社区，连你的证明人都公示上去了，看谁在帮你做假。报告也不要写得又臭又长，抓不住重点，抓不住主要矛盾和矛盾的主要方面。

"第三阶段就是大辩论，把观点和故事都讲出来。凡是没有实践的纯理论的东西，就不要让他上讲台，讲纯理论性的东西就扣分。演讲完了大家就辩论，不一定要拥护我们的文化，我们的文化没有特殊性，是普遍的，都是从别人那儿学来的，抄来的。以客户为中心，以奋斗者为本，外籍员工听得懂，喊拥护的人也未必就是真心实意地拥护。大辩论中有反对的观点，我认为也是开动了脑筋的，也是有水平的，我们要授予管理老师权力，让反对者过关。我们华为公司允许有反对者，相反对于正面的观点，我们恰恰要看他是否真正认识到了规律性的东西，或者只是陈词滥调、被动接收。

"第四个阶段，大辩论阶段个人观点展开了，人家好的你吸取了，人家差的你也知道了，然后就是写论文和答辩。你写的论文也要是非理论性的，只要是理论性的就是零分。就是要讲你的实践，你实践了没有，你实践的例子是什么。没有实践，你看到别人做了一个事情做得特别好，你从中学到了东西，你看到别人的实践你也可以写，要让当事人当个证明人。找不到证明人这个阶段就不算过，以后可以补课。"

华为大学优势

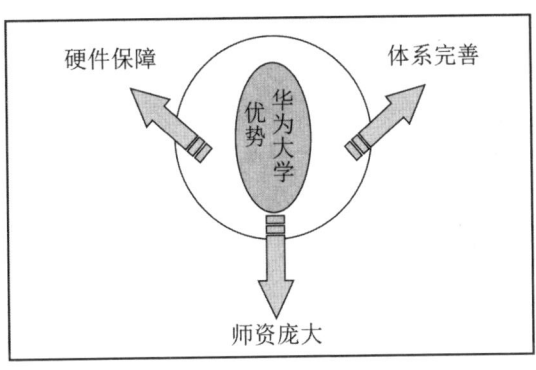

图 8.5 华为大学的优势

华为大学现已拥有内部专、兼职讲师1700余人，其中管理培训121人、技术培训讲师1599人，可以用中文、英语、法语、俄语、西班牙语、阿拉伯语等进行培训，任正非对培训的重视程度可见一斑。

硬件保障

华为大学坐落在华为总部，一直以舒适、一流的硬件配套设施为外界所称道。

华为大学的教学区有培训教学主楼、高级培训中心、教职员楼等主要建筑物。培训教学主楼是培训中心建筑群的主体，拥有各类多媒体教室、高级管理研讨室120间、通信实验室7000平方米，满足培训的课堂教学、案例教学、上机操作、工程维护实习和网络教学等多种形式的需要，可以同时容纳3600多名客户和员工同时进行培训。

体系完善

华为大学拥有完善的培训体系，不但员工上岗前进行培训，还有岗中培训和下岗培训。适时的培训，使员工能及时跟上瞬息万变的需要，更好地为公司发展做贡献。

除了为员工提供了多种培训资源，帮助其进行自我提高外，华为大学还设有能力与资格鉴定体系，对员工的技术和能力进行鉴定。

师资庞大

企业如何稳定和管理已有的培训教师，是企业管理者的一大困扰。在企业不是专业办学单位，培训往往容易被人视为"副业"的错误意识影响下，培训教师容易产生为他人作嫁衣裳、吃力不讨好的思想，觉得职务无法晋升，价值难以实现，心理失衡，萌生去意，而华为的师资队伍建设则一直走在培训领域的前列。

华为大学教师都经过了严格的程序评估和筛选。他们中间既有资深的培训师，也有经验丰富的华为专家和工程师，成为员工通过培训获得工作相关知识技能的保障。"讲师必须是有实践经验的人，没有实践经验的教官不能讲课，只能做组织工作。"任正非如是说。

此外，华为还定期特邀业内权威专家及知名大学资深教授前来授课，以保证公司总处在最新技术、业务及管理科学发展的前沿，使广大员工以更好的心态面对工作和生活。

在培养时间上，任正非明确表示，更支持短训班，绝对不支持长训。任正非在华为大学教育学院座谈会上这样说道："将军不是培养出来的，一个月两个月就够了。学一点、学个方法就上战场，我们有个平台，告诉你可以在网上学习，然后你认识几个老师，网上及时交流。"

第四节 实践：让工作本身成为激励

在市场竞争日益残酷的背景下，组织的变革是经常性的行为，变革不仅涉及企业战略、文化的改变，原有的工作性质和业务流程也会发生或多或少的变化。要胜任新的角色，员工就需要调整原有的行为方式、工作技能、处事态度等，以提高对组织变革的适应能力，员工在实践中的学习，有利于提高其业务素质、思想水平及行为能力。不断提升工作绩效，并具备接受更具挑战性的工作和任务的能力，实现自我成长和自我价值，进而提升自身的市场受雇价值，大大增强员工的自信心。

任正非在《致新员工书》中这样写道："对新来员工，因为没有记录，晋升较慢，为此十分抱歉。如果您是一个开放系统，善于吸取别人的经验，善于与人合作，借助别人提供的基础，可能进步就会很快；如果封闭自己，怕工分不好算，就需要较长时间，也许到那时，您的工作成果已没有什么意义了。实践是您水平提高的基础，它充分地检验了您的不足，只有暴露出来，您才会有进步。实践再实践，尤其对青年学生十分重要。唯有实践后善于用理论去归纳总结，才会有飞跃。有一句名言：'没有记录的公司，迟早要垮掉的。'多么尖锐。一个不善于总结的公司会有什么前途，个人不也是如此吗？"

任正非曾经在华为内部讲话上说过一个故事：

> 如果一个人倒着长，从 80 岁开始长，1 岁死掉的话，我想这个世界不知有多少伟人。我们的父母教育我们要认真读书，我们却不认真读书。等我们长大了，又告诉我们的孩子要认真读书，他们不认真读书，还要批判我们。等他们长大了，又管教他们的孩子要认真读书……如此重复的人生认识论，因而人就没有很大的长进。如果从 80 岁倒着长，人们将非常珍惜光阴，珍惜他们的工作方法和经验。当然从 80 岁倒着长这是不可能的，但学习方法上是有可能的，我们如今有如此庞大的知识网络和科技情报网络，充分利用它们也就跟倒着长一样，只不过要有谦虚认真学习他人的精神才行。

在学习这件事情上，任正非表现出一种无条件支持的态度。最好的学习资源库不是某个学校，也不是某个培训场所，而是日常的生活，是实践经验。任正非认为，疯狂抢占中国市场的西方竞争者，不仅是竞争者的身份，更是老师与榜样。它们让我们在自己的家门口遇到了国际竞争，知道了什么才是世界先进；它们的营销方法、职业修养、商业道德，都给了我们启发。我们在竞争中学会了竞争的规则，在竞争中学会了如何赢得竞争。

任正非重视学习而非学历，华为更重视在实践中学习。

华为有一位管理者，女硕士，1996 年前一直任华为宣传部部长，

1998 年被提拔为华为执行副总裁，但在 1998 年年底提出离职，要去美国深造，学习企业管理。任正非对她说，你去美国学企业管理，等你学成毕业后，你就跟不上华为公司的发展了。为什么？因为在实践中学到的管理，难道不比书本上学的来得更快更实际，更加真实有用？

任正非曾这样说过："知识不等于能力，书读得太多，方法论太多，有时反而会相互抵消，不知道活学活用的话，反而会变得越来越蠢。"

2000 年 5 月的一天，任正非在《华为人》报转载了一篇中国台湾作家张晓风的文章《不朽的失眠》：

他落榜了！一千二百年前。榜纸那么大那么长，却容不下"张继"那两个字。考不上，令他羞惭沮丧。

离开京城吧！本来预期的情节也许有插花游街、衣锦还乡的荣耀。然而，寒窗十年，虽有他的悬梁刺股，却没有他的榜上题名。他踏上小舟，来到了苏州。然而，那夜是一个忧伤的夜晚。在异乡，在江畔，在秋冷雁高的季节，因为忧伤。长夜无眠。

月亮西斜了，有鸟啼，是乌鸦。江岸上，霜已结千草。夜空里，星子亦如清霜，一粒粒零落凄绝。深夜寒山寺钟声响了，寒山寺庙敲"夜半钟"，用以惊世。在他，却一记一记都撞击在心坎上，正中要害。既然失眠，他推枕而起，摸黑写下《枫桥夜泊》这首诗。

"月落乌啼霜满天，江枫渔火对愁眠。姑苏城外寒山寺，夜半钟声到客船。"

感谢上苍，如果没有落第的张继，唐诗历史上便少了一首好诗。一千二百年过去了，那张长长的榜单上，曾经出现过的状元是谁？有人会记得那一届状元披红游街的盛景吗？没人记得。真正被记得的名字是"落第者张继"以及他那首不朽的诗。

转载这篇文章反映出任正非实事求是，辩证唯物主义地看待事物，看重人的实际能力等实实在在的内容，而非形式主义的价值倾向。

任正非的"大孵化培育大市场"策略，使华为每年都要大量地引进新人，特别是自 1996～1997 年开始，华为招收了大批的硕士、博士生，客观上公司一些老员工、各级干部隐约地感到一种无形的压力，因为一些干部和老员工的学历并不高，他们中的一些人提出要停薪留职，出国读书深造，包括个别副总裁也如此，有的甚至辞职去国外留学。

当时一位从中国科技大学本科毕业的副总裁就曾向任正非提出，他想停薪留职去报考一所名牌大学的 MBA，任正非对他说："华为对外宣传有多少硕士、多少博士，那是在公司规模不大时，一种对外界的宣传造势而已，是拿来唬外面人的，千万不要把自己人也给唬住了。公司不能虚火旺盛，华为进门看学历，是因为不了解情况，总要挑一挑，有学历总比无学历好，但进来以后，管你是博士也好，大专生也好，都不看，只注重你的实际能力与工作表现。"所以任正非劝大家安心留在工作岗位上，在实践中学习提高。

华为的高级副总裁中还有两位学历只是专科的，这充分证明了任正非只看重能力和贡献等实质，而不注重学历等形式。

在华为努力提高自己的方式有两种：一是在实践中不断加强学习提高自己；二是和周边同事多融合，多向他们学习，提高自己。

1999 年，任正非总裁在答新员工问时表示："其实每个岗位天天都在接受培训，培训无处不在、无时不有。如果等待别人培养你成为诺贝尔，那么是谁培养了毛泽东、邓小平？成功者都主要靠自己努力学习，成为有效的学习者，而不是被灌输者，要不断刻苦学习提高自己的水平。"

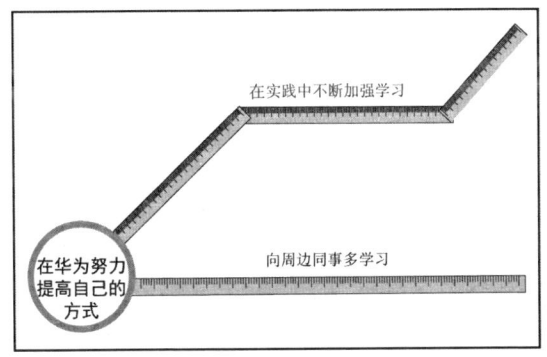

图 8.6 在华为努力提高自己的方式

华为原副总裁徐家骏在其文章中这样记述道：

"好好学习，天天向上"，这句话用来形容对 IT 人的要求，最贴切不过了。真正的成功者和专家都是"最不怕学习"的人，啥东西不懂，拿过来学呗。我们 IT 现在有个技术大牛谭博，其实他不是天生的大牛，也是从外行通过学习成为超级专家的，他自己有一次跟我说，当年一开始做 UNIX 系统管理员时，看到"#"提示符大吃一惊，因为自己虽然有过多年在 UNIX 下搞开发的经历，但是%提示符，从未有过管理员权限。

看看，当初的专家就这水平！当年谭博跟我做备份项目时，我让他研究一下 ORALCE 数据库时点回退的备份和恢复方法，他望文生义，以为数据库的回退是像人倒退走路一样的，这很有点幽默的味道了，但他天天早上起来，上班前先看一小时书，多年积累下来，现在在系统、数据库、开发等多个领域已成为没人能挑战的超级专家了。但是，学习绝对不是光从书本学习，其实更重要的是从实践工作中学习，向周边学习。

比如我觉得在华为学到的最重要的一个理念是"要善于利

用逆境",华为在"冬天"的时候没有天天强调困难,而是提出"利用冬天的机会扭转全球竞争格局",并真的取得成功,如果没有这个"冬天",华为可能还要落后业界大腕更多年;华为在被思科起诉时没有慌乱,而是积极应对,利用了这次起诉提高知名度,达到了可能花几亿美金都达不到的效果。等等这些,把几乎是灭顶之灾的境遇反而转化为成功的有利条件,给我留下了十分深刻的印象,我也对公司高层十分佩服。

任正非：致新员工书

您有幸进入了华为公司。我们也有幸获得了与您的合作。我们将在互相尊重、互相理解和共同信任的基础上，与您一起度过在公司工作的岁月。这种尊重、理解和信任是愉快奋斗的桥梁与纽带。

华为公司是一个以高技术为起点，着眼于大市场、大系统、大结构的高科技企业。以它的历史使命，它需要所有的员工必须坚持合作，走集体奋斗的道路。没有这一种平台，你的聪明才智是很难发挥并有所成就的。因此，没有责任心，不善于合作，不能集体奋斗的人，等于丧失了在华为进步的机会。那样您会空耗了宝贵的光阴，还不如在试用期中重新决定您的选择。进入华为并不意味着高待遇，因为公司是以贡献定报酬的，凭责任定待遇。对新来的员工，因为没有记录，晋升较慢，为此十分抱歉。如果您是一个开放系统，善于吸取别人的经验，善于与人合作，借助别人提供的基础，可能进步就会很快。如果封闭自己，怕工分不好算，就需要较长时间。也许到那时，你的工作成果已没有什么意义了。实践是您水平提高的基础，它充分地检验了您的不足，只有暴露出来，您才会有进步。实践再实践，尤其对青年学生十分重要。唯有实践后善于用理论去归纳总结，才会有飞跃的提高。有一句名言，"没有记录的公司，迟早要垮掉的"，多么尖锐。

一个不善于总结的公司会有什么前途，个人也不是如此吗？

实践改造了人，也造就了一代华为人。"您想做专家吗？一律从基层做起"，已经在公司深入人心。进入公司一周以后，博士、硕士、学士，以及在原工作单位取得的地位均消失，一切凭实际能力定位。希望您接受命运的挑战，不屈不挠地前进。不经磨难，何以成才。公司要求每一个员工，要热爱自己的祖国，热爱我们这个刚刚开始振兴的民族。只有背负着民族的希望，才可能进行艰苦的搏击，而无怨无悔。我们总有一天，会在世界的舞台上，占据一席位置。无论任何时候、无论任何地点都不要做对不起祖国、对不起民族的事情。要模范遵守国家法规和社会公德，要严格遵守公司的各项制度与管理。对不合理的制度，只有修改以后才可以不遵守。不贪污、不盗窃、不腐化。严于律己，宽以待人。坚持真理，善于利用批评和自我批评的方法，提高自己，帮助别人。

您有时会感到公司没有您想象的公平。真正绝对的公平是没有的，您不能对这方面期望太高。但在努力者面前，机会总是均等的，只要您努力，您的主管会了解您的。要承受得起做好事反受委屈，没有一定的承受能力，今后如何能做大梁？

希望您丢掉速成的幻想，学习日本人的踏踏实实、德国人的一丝不苟的敬业精神。现实生活中能把某一项技术精通是十分难的。您想提高效益、待遇，只有把精力集中在一个有限的工作面上，不然就很难熟能生巧。您什么都想会、什么都想做，就意味着什么都不精通，做任何一件事对您都是一个学习和提高的机会，努力钻进去，兴趣自然在。我们要造就一批业精于勤，行成于思，有真正动手能力和管理能力的干部。机遇偏多于踏踏实实工作者。

公司建立了以各部门总经理为首的首长负责制，它隶属于各个以民主集中制建立起来的专业协调委员会。各专业委员会委员来自相关的部门，组成少数服从多数的民主管理。议事，不管事。有了决议后由各部门总经理去执行。这种民主原则，防止了一长制的片面性，在重大问题上，发挥了集体智慧。这是公司成立六年来没有摔大跟头的因素之一。民主管理还会进一步扩展，权威管理的作用也会进一步加强，这种大民主、大集中的管理，还需长期探索，希望您成为其中一员。

公司永远不会提拔一个没有基层经验的人做高级领导工作。遵循循序渐进的原则，每一个环节对您的人生都有巨大的意义。您要十分认真地去对待现在手中的任何一件工作，十分认真地走好职业生涯的每一个台阶。您要尊重您的直接领导，尽管您也有能力，甚至更强。否则将来您的部下也不会尊重您，长江后浪总在推前浪。要有系统、有分析地提出您的建议，您是一个有文化者，草率的提议，对您是不负责任，也浪费了别人的时间。特别是新来者，不要下车伊始，动不动就哇啦哇啦。要深入、透彻地分析，找出一个环节的问题，找到解决的办法，踏踏实实地一点一点地去做。不要哗众取宠。

在公司的进步主要取决于您的工作成绩。一个高科技产业，没有文化是不行的。您在业余时间可安排一些休闲，但还是要有计划地读些书。不要搞不正当的娱乐活动，绝对禁止打麻将之类的消磨意志的活动。为了您成为一个高尚的人，受人尊重的人，望您自律。

公司在飞速地发展，迫切地需要干部，希望您加速磨炼，与我们一起去担起明天的太阳。

任正非

1994.12.25

激发员工，提升团队战斗力

孙子云：上下同欲者胜。激发员工是管理者面临的一个永恒课题，但在团队能力建设的实践中，不少管理者对员工的工作积极性感到困惑。本文中，笔者分享了在困难的情况下通过激发员工来提升战斗力的心得和体会，值得探讨与借鉴。

提升团队能力，是研发团队永恒的课题。提升团队能力的基础，是关注下属的成长，其中重要的一点是对下属的激励。根据自己前一阶段的工作实践，我在这方面有一些体会和教训。

2006年10月，我作为某产品硬件经理兼资源部门主管，正式接管了一个五十多人的硬件开发团队。当时团队的状况是：人员分散、异地开发、新员工比例高，入职不到一年的员工比例超过70%。在一个项目组内部，除了项目经理外，几乎都是新员工，但与之对应的任务却很具有挑战性。由于该产品的特殊性，所开发和维护的单板复杂度高，要求员工技能过硬。同时，由于该产品刚刚转产销售，网上问题也比较多，维护工作量也很繁重。开发工作需要老员工带队，维护工作也需要有经验、有能力的员工攻关，因此，为数不多的老员工工作压力大、加班多，士气有所下降；而新员工由于辅导力度不够，成长速度缓慢。

对于我来说，焦点问题是：在困难的情况下，如何提升团队的战斗能力，使之与我们当前的工作相适应。根据我们团队的特点，我认为重点是需要让老员工发挥更大的作用。越是在老员工稀少的情况下，越是要重视对老员工的激励，只有把老员工充分调动起来，才能形成团队的骨干力量，新员工也才能有一个良好的成长环境。

一、关注老员工，让老员工焕发出新的工作热情

对于团队中的老员工，他们的技术水平相对是比较高的，但是由于长期作战，工作热情逐步减退。同时，工作对他们来说也比较得心应手了，挑战性慢慢在消失，但这些人是团队的技术骨干，对团队绩效起到重要作用，如何激发他们的工作激情是摆在团队面前的最重要的问题。

老员工的激励，尤其是对沉淀下来的老员工的激励，是一个比较困难的任务。谈到激励手段，一般都会想到加薪，但是根据经验，这对老员工并不一定是最好的激励方法。

换位思考，我需要什么？如何才能激发我的工作热情和意愿？我认为是被尊重和自我实现。

二、欣赏个体差异，让合适的人做合适的事

我们似乎存在这样一个思维定式：对于技术能力强的老员工，将来的发展方向一定是要走上管理岗位，有个一官半职，否则就没有发展空间。甚至对于一些立志一辈子做技术工作的员工，这种观念也会对他们的信念形成压力，最终难以留在研发一线。普遍的情况是，研发的老员工如果没有机会升迁到管理岗位，往往会离开研发部门，转其他部门工作。当然，也不是说这种流动不好，但是，当研发所有的老员工都在这样流动的时候，就永远是新人做开发，技术和经验无法得到有效的继承和积累，难以培养真正的、资深的技术专家。

我们团队有一个老员工 B，1997 年入职，一直工作在研发一线，

负责单板开发，善于解决疑难技术问题，是资深的硬件专家。他本人对技术很专注，不愿意做管理工作。

但是，随着团队中新员工的不断增加，以及新版本的不断启动，他被任命为一个项目的硬件经理。起初，所有人都认为以他的技术能力，完全可以胜任这个岗位。但事实证明，他不适应、也不喜欢这个新的岗位，对团队的计划、监控、新员工的培养、沟通等各个方面没有感觉，还是对所有技术问题都事必躬亲。干了一段时间，虽然自己筋疲力尽，但团队绩效评价并不好。

后来，为了扭转这种局面，我们在团队中提拔了一个技术能力略低，资历较浅，但有管理潜质的员工接替工作。新官上任以后，大胆管理，而 B 也解脱了烦恼，积极配合工作，主动承担了疑难问题的技术攻关任务，项目组绩效逐渐有了起色。

三、调整队形，集中练兵

新员工是团队的未来和希望，需要细心加以培养，但从某种意义上来讲，数量庞大的新员工对团队的冲击也是明显的。培养不好，一方面可能导致高的离职率，影响团队士气；另一方面，技能不熟练的新员工一旦走上开发岗位，可能会对产品的质量造成隐患。

根据团队的实际情况，我调整了团队的结构，把绝大部分新员工集中在维护项目组，由两个老员工带领，负责转产单板的维护，这样做，可以一举多得。第一，新开发的单板质量有保证，不会出现老员工在排雷，新员工继续埋雷的情况；第二，可以对新员工进行集中式的培训，减少了老员工的辅导时间和人力投入，节约了资源；第三，从培养过程的科学性看，有利于培养员工的实际动手能力，避免了理论与实践分离的问题，能加速其成长。

这个政策在施行中发挥了很好的效果，因此，我将其作为一项制度固定了下来：凡是到团队的新员工，首先分配到维护项目组工作半年，以后视情况再分流到各个开发项目组中。这样，开发项目组收到的员工都具备一定的实际工作经验。更重要的是，他们对在维修单板的过程中遇到的一些设计问题有切身体会，在开发过程中基本不会旧错重犯，这不仅提高了团队的效能，也提高了新员工的成就感和归属感。

总结

团队建设和员工的激励，是研发团队主管的主要责任。激励员工的手段是多种多样的，要具体情况具体分析，没有普适的措施，但都遵循相似的原则：

要有同理心，站在对方的立场上考虑问题。

开放心态、注意倾听、不要自以为是，以平等、关注、尊重的态度与下属沟通。

老员工是团队的宝贵财富，是团队的骨干和支柱，以合适的方式激发他们的工作热情，会达到意想不到的效果。

加薪确实是激励手段，但不是万能的。

对待新员工，重点是培养，提供成长的机会。新员工感到自己能力的提升往往是最好的激励手段。

(本文摘编自《成长之路——干部后备队专栏：激发员工，提升团队战斗力》，作者：钱民，来源：华为人，2007)

快速人才培养方法

公司内部谈到人才发展和培养的范例，最常引用的范例来自黄埔军校和中国人民抗日军事政治大学（简称"抗大"），因为从某种程度上，这两所院校所培养的讲师和学员们决定了近现代中国的走向。回顾这两所院校的建设和发展，实际上都是在非常不利的外部环境和捉襟见肘的内部条件下进行的，根本没有正规大学的系统和规模，就现存黄埔旧址来看，硬件甚至还比不上现在随便一间中学。为何它们能够在短短的历史时间窗里培养出这么多将帅之才？

首先是短训制：和黄埔军校、"抗大"时期一样，我们公司所属的行业和外部商业环境，也是瞬息万变的，要想在内部组织长时间系统的脱产培训，恐怕一个学期没结束，公司已经在竞争中落后了。而不学习，仅靠工作中的个体领悟又远远不能满足这么大组织的学习发展要求，因此平衡下来只有集中精力基于业务痛点开发，并选拔真正具备丰富一线作战经验的教师组织短期授课，组织业务骨干集中分享研讨的短训方式，才是适用于当前公司业务需求的最佳培训方式。

无论是华为大学牵头的高研班、青训营、"登舰"研讨，还是一线自行组织的研讨培训，都可归入此类。

其次是强化实践：黄埔军校、"抗大"年代，啥都匮乏，唯独不缺的就是硝烟弥漫的战场。将军是打出来的，而不是纸上考出来的。再好的课堂培训效果，离开教室，不去实践，过一两个月，也就都还给老师了。公司相比大学，最大的人才发展优势就是不缺实践机会，当下的战场就是我们的交付项目，不但要交付价值令客户满意，也要把利润带回公司赢得军功章。跟进项目面对客户和经营压力，承担责任和挑战，不仅仅需要专业技能和知识，更需要一种敢于"亮剑"的勇气。这种勇气有时候会随着组织的膨胀而衰减，但必须予以坚持和强化。

公司提倡"打了胜仗就是将军，没打胜也是英雄"，这种宽容的氛围，相比革命战争年代"提着脑袋上"可是要有利多了。项目经营青训营就在短训后安排了两个月的项目实践，相信真正投入实践的学员都会学以致用，受益匪浅。

翻看历史传记书，黄埔军校出身的元帅林彪一路都在总结每战得失，即使成为百万大军的统帅后，仍然亲自进行作战部队的战术总结，从而百战不殆。因此"战神"也不是天生的，而是几十年如一日的良好学习习惯造就的。而当这种自发的分享成为一个时代的群体特征时，想不"英雄倍出"也难了！

项目组间通过邮件、知识社区、eSpace 乃至微信的实时分享已经耳熟能详，所以技术手段已经不是阻挡大家进步的障碍，关键还是改变自己的学习习惯。

公司目前继续在知识管理、信息平台和激励机制方面大力投入，也是助力大家提升学习发展效率，勤于总结分享的人一定会进步快一些。

这三点应该是一个循环往复的过程，而非割裂的执行。按公司领导的要求和设想，未来我们的项目专家资源池也要践行这些方法，快速提升，从而满足公司对干部培养和项目经营的诉求。

（本文摘编自《快速人才培养方法》，作者：华为 GTS 项目管理办公室 王海暾，来源：华为人，2013）

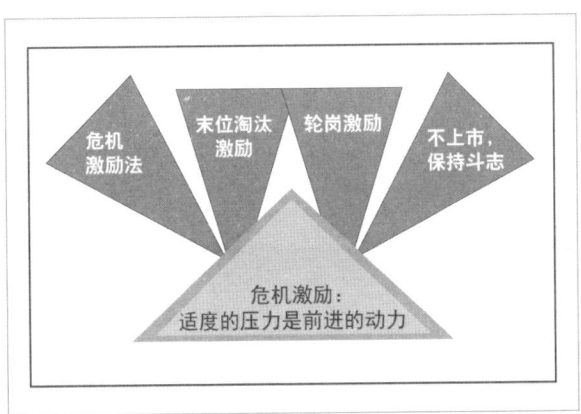

　　高薪容易使员工对企业产生过分地依赖和优越感，进而淡化了人才的进取本能。最后，需求越是接近满足，需要产生同样满足感的金钱数量就越多。根据边际收益递减法则，当报酬提高到一定程度时，就会失去其作为激励因素的价值。

第一节 末位淘汰激励

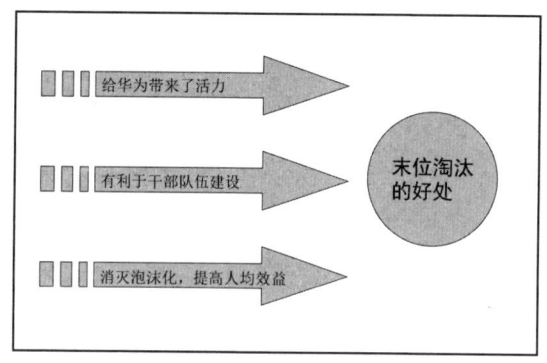

图 9.1 末位淘汰制的优点

有这样一个案例：某部门有个项目组长小 A 带着一个开发团队，每次主管问小 A："你们组现在怎么样？"小 A 总是回答："我们团队很好啊，没什么问题。"其实组织调查已经显示小 A 的团队氛围出了问题。而小 A 远离员工，不了解小组成员的真实状况，更别提识别奋斗者和惰怠者了。很多主管在打考评的时候往往觉得很难，主要问题还是离员工太远，不了解员工的具体工作和输出，所以主管只有离员工近一些才能有效地识别和评价真正的奋斗者。对于有懈怠倾向的员工，不论新老，主管都要敢于实施负向激励。很多主管放不下面子，只习惯于做正向激励，不敢做负向激励，但员工是看得很清楚的，不能公正地进行绩效考核，团队的战斗力就一定会下降。

末位淘汰制是绩效考核的一种制度。末位淘汰制是指工作单位根据本单位的总体目标和具体目标，结合各个岗位的实际情况，设定一定的考核指标体系，以此指标体系为标准对员工进行考核，根据考核的结果对得分靠后的员工进行淘汰的绩效管理制度。一方面末位淘汰制有积极的作用，从客观上推动了员工的工作积极性、精简机构等；另一方面末位淘汰制也有消极的方面，如有损人格尊严、过于残酷等。

对末位淘汰最经典的解释是通用电气前首席执行官杰克·韦尔奇所推崇的"活力曲线"（Vitality Curve）。在通用电气，每年各级经理要将自己部门的员工进行严格的评估和区分，从而产生20%的明星员工（"A"类）、70%的活力员工（"B"类）以及10%的落后员工（"C"类），通常表现最差的员工都必须走人。这样一年又一年的区分与淘汰提升了整个组织的层次，这也就是韦尔奇所称的"造就一个伟大组织的全部秘密"。

任正非十分认同韦尔奇的"活力曲线"，他说："有人问，末位淘汰制实行到什么时候为止？借用通用电气的一句话来说，末位淘汰是永不停止的，只有淘汰不优秀的员工，才能把整个组织激活。通用电气活了100多年的长寿秘诀就是'活力曲线'，活力曲线其实就是一条强制淘汰曲线，用韦尔奇的话讲，活力曲线能够使一个大公司时刻保持着小公司的活力。通用电气活到今天得益于这个方法，我们公司在这个问题上也不是一个三五年的短期行为。但我们也不会急于草草率率对人评价，这不负责任，这个事要耐着性子做。"

末位淘汰制是一种强势管理，旨在给予员工一定的压力，激发他们的积极性，通过有力的竞争使整个单位处于一种积极上进的状态，进而提高工作的效率和部门效益。华为这样一个重视清除沉淀层的企业，自然十分重视末位淘汰。

任正非曾在一次内部讲话中指示："每年华为要保持 5% 的自然淘汰率。"

末位淘汰制与裁员有着本质区别，前者是为了激励员工，使他们觉醒，不要落后于时代，后者主要是企业为了摆脱包袱，迫不得已而采取的手段。前者过滤的是一些无法接受挑战，或不愿做出改变的人，后者很多时候是一刀切。

给华为带来了活力

在华为，实施末位淘汰旨在要求员工要保持强烈的危机意识。"华为的危机，以及萎缩、破产是一定会来到的。"任正非在他那篇著名的《华为的冬天》中如是说。而当觉察到这种萎缩就要到来时，保持每年 5% 的自然淘汰率比进行裁员更有利于华为的人员管理。

任正非认为通过淘汰 5% 的落后分子能促进全体员工努力前进，让员工更有危机感，更有紧迫意识。员工为了不被淘汰，就必须不断地提高自己，调整自己，以适应公司的要求和发展形势。而这种能上能下、有进有出的竞争机制也给华为带来了活力。

任正非在其文章《能工巧匠是我们企业的宝贵财富》中写道：

> 由于市场和产品已经发生了结构上的大改变，现在有一些人员已经不能适应这种改变了，我们要把一些人裁掉，换一批人。因此每一个员工都要调整自己，尽快适应公司的发展，使自己跟上公司的步伐，不被淘汰。只要你是一个勤劳、认真负责的员工，我们都会想办法帮你调整工作岗位，不让你被辞退，我们还在尽可能的情况下保护你。但是我们认为这种保护的能力已经越来越弱了，虽然从华为公司总的形势来看还是好的，

但入关的钟声已经敲响，再把公司当成天堂，我们根本就不可能活下去。因为没有人来保证我们在市场上是常胜将军。

对于被排在末位的员工，对于不能吃苦受累的员工，任正非的态度非常坚决：裁掉走人。在 2002 年的《迎接挑战，苦练内功，迎接春天的到来》一文中，任正非说道："排在后面的还是要请他走的。在上海办事处时，上海的用户服务主任跟我说，他们的人多为独生子女，挺娇气的。我说独生子女回去找你妈妈去，我们送你上火车，再给你买张火车票，回去找你妈去，我不是你爹也不是你妈。各位，只要你怕苦怕累，就裁掉你，走人。"

在华为，被裁掉的人一般有两种：一种是无法接受华为的企业文化，没法适应快节奏、高压力、常加班；另一种是在华为待的时间长了，工作的能力和积极性下降，工作效率达不到要求的。"末位淘汰制"还可以帮助华为招揽更多优秀人才。由于经济形势导致一些同行业公司破产或者裁员，不少优秀、熟练的人才流落到了市场上。华为严格执行末位淘汰政策，也有很大一部分原因是想要空出岗位，招揽这些能为企业立即带来效益的优秀人才。

有利于干部队伍建设

对于"老资格"的干部，任正非同样实施着严格的淘汰制度，他说："我们非常多的高级干部都在说空话，说话都不落到实处，'上有好者，下必甚焉'，因此产生了一批大说大话、空话的干部。现在我们就开始考核这些说大话、空话的干部，实践这把尺子，一定能让他们扎扎实实干下去，我相信我们的淘汰机制一定能建立起来。"

在任正非看来，末位淘汰制度有利于干部队伍建设，可以让员工更有效地监督领导干部，使领导干部有压力，更好地运用权力，使清廉而有能力的干部得到应有的晋升。华为实行干部末位淘汰制，其目的也是在干部中引进竞争的机制，增强干部的危机意识。

作为一个庞大的集团，华为要想能够使其始终保持高速运转的形式，就必须构建一支优秀的管理队伍。因此，在华为，不管员工以前做过多么大的贡献，都不会享受干部终身制，而是坚持干部末位淘汰制度，建立良性的新陈代谢机制，不间断地引进一批批优秀员工，形成源源不断的干部后备资源；开放中高层岗位，引进具有国际化运作经验的高级人才，加快干部队伍国际化进程。

2013年第三季度，华为实行了一项政策，那就是"中层员工每年末位淘汰5%，基层员工末位淘汰10%"。任正非认为所谓的金融危机还没有完全爆发。"财务曾算过账，华为公司的现金够吃三个月，那第91天时，华为公司如何渡过危机呢？"任正非指出，"在这个时期，我们首先要坚定不移地贯彻干部的末位淘汰制。现在我们强调代表处代表和地区部总裁要实行末位淘汰，大家要比增长效益。"他坚持从战略贡献中选拔出各级优秀干部。任正非特别提到，华为的干部获得提拔的充分必要条件有两条：既要能使所在部门盈利，又要有战略贡献。"如果你不能使这个代表处产生盈利，我们就对你末位淘汰；如果你有盈利，但没有做出战略贡献，我们也不会提拔你。"

消灭泡沫化，提高人均效益

虽然有些人认为华为的末位淘汰机制过于残酷，使员工缺乏安全感，也不符合人性化的管理思想，但任正非认为，实行末位淘汰还是有好处的，是利大于弊的。任正非在华为例会上说道："事实上我们公司也存在泡沫化，如果当年我们不去跟随泡沫有可能就会死掉。我们消灭泡沫化的措施是什么？就是提高人均效益。

"队伍不能闲下来，一闲下来就会生锈，就像不能打仗时才去建设队伍一样。不能因为现在合同少了，大家就坐在那里等合同，要用创造性的思维方式来加快发展。军队的方式是一日生活制度、一日养成教育，就是要通过平时的训练养成打仗的时候服从命令的习惯。如何在市场低潮期间培育出一支强劲的队伍来，这是市场系统一个很大的命题。要强化绩效考核管理，实行末位淘汰，裁掉后进员工，激活整个队伍。

"实行末位淘汰走掉一些落后的员工也是有利于保护优秀的员工，我们要激活整个组织。大家都说美国的将军很年轻，其实了解了西点的军官培训体系和军衔的晋升制度就会知道，通往将军之路，就是艰难困苦之路，西点军校就是坚定不移地贯彻末位淘汰的制度。"

需要注意的是，末位淘汰制度有多种形式。如果末位淘汰的结果是将处于末位的劳动者调离开某一职位，换一个岗位工作，或者对处于末位的劳动者进行培训后再工作，这样形式的末位淘汰制度就不违反我国的劳动法律。如果根据考核排名的结果直接把处于末位的员工从岗位上辞退，则是违反《劳动法》的。

事实上，华为那些被淘汰下来的员工并不完全是被解雇，有一部分可以进入再培训，或选择"内部创业"。《华为公司基本法》这样规定："利用内部劳动力市场的竞争与淘汰机制，建立例行的员工解聘和辞退程序。"除此之外，《华为公司基本法》还规定："公司在经济不景气时期……启用自动降薪制度，避免过度裁员与人才流失，确保公司渡过难关。"

可以看出，华为虽然一直在执行末位淘汰，但其原则正如任正非所言，目的在于提高人均效益，打造一支善于冲锋陷阵、无往而不胜的"铁军"。

华为的国际对手思科同样是利用末位淘汰制来使员工保持一贯的激情。思科的前中国区总裁杜家滨在接受媒体采访时说道："我们当然是希望大家都能够做到最好，但如果自己不愿意进步，不能保持激情，我们怎么能期望他有为客户服务的良好状态呢？待得越长的员工越要想办法调动他的积极性，使他愿意去付出更多的努力。

"我们公司有从上至下的末位淘汰制，每一季度都有。是换岗还是走人看具体情况。新人与旧人的区别就是，新人可能对新岗位更有好奇心，有愿意做好的欲望，而旧人可能面对同样的问题敏感度不高了，或者是因为其他原因不愿意去付出更多，这就是换岗的意义之一。对于那些做得不好的人，我们的原则是一定要给他换岗位，如果一个人在某个岗位上有了相当多的经验，把他换走对公司也会有一定的影响，虽然要慎重，但是从个人发展的角度看，我们要帮助员工成长，要帮助他们达到一个新的里程碑。"

<table>
<tr><td>第二节</td><td>轮岗激励</td></tr>
</table>

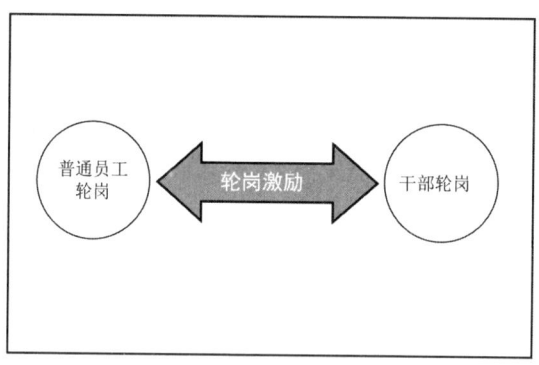

图 9.2 企业内部轮岗制

随着企业组织结构的日益扁平化，组织内部晋升的路线越来越短，高级职位的数目越来越少，员工晋升的机会也相应地减少。如何激励员工、留住人才呢？在企业内部进行横向调动的内部轮岗制不失为一种很好的办法，可以用来取代阶梯式的晋升制度。对员工来讲，不同的工作经历可以积累丰富的经验，也是一种激励。在现今竞争激烈的人才市场上，工资的提升和福利的改进已经不能够完全满足企业最优秀员工的需求，工作内容和范围的扩大，拥有更大的决定权，承担更大的责任，得到对职业生涯更有帮助的培训机会，轮换到更有前景或是更具有吸引力的岗位上的机会，获得工作的新鲜感和挑战性等，都成为激励和保留人才非常有效的手段。

"轮岗制"是华为实行的一种体验式的快速学习方式，也是一种有效的激励机制。

普通员工轮岗

几乎所有华为员工都有过轮岗的经历，一般华为员工工作 1 ~ 2 年后就要换一个岗位，而且还有比这更频繁的。这样频繁的进行岗位调动，首先是因为华为公司近些年来业务的急速发展，人员数量扩张得非常厉害，而且由于招聘的员工基本是大学校园的应届毕业生，根本无法知道谁在什么岗位上是最合适的，因此"轮岗"的制度可以使员工各得其所。对于那些已经在华为工作了几年的老员工而言，若不实行轮岗制，可能有的员工会想，来公司已经好几年了，除了向目前的序列发展之外，我还有什么样的发展空间呢？我还有什么样的能力呢？

其次，华为的管理者看到企业部门与部门、人与人之间的信息交流和相互协作出现了问题。用企业员工自己的话说就是："总部一些制定政策的部门不了解一线客户需求，出台的政策很难执行，瞎指挥。""服务部门和事业部有隔阂，话说不到一块儿去。"没有切身的体会是很难做到换位思考的，轮岗制正是解决这个问题的良药。

同样，在岗位上已经工作了一段时间的员工进入一个新的领域其实并不困难。华为在考虑了员工的学习能力和工作表现后，会让他进入一个崭新的岗位，本来在机关从事管理的岗位，突然换到市场从事一线销售的也大有人在，这样做更多的是希望员工通过丰富的职业经验来拓宽他们的视野以及事业发展的宽度。

华为前人力资源总裁张建国表示："一个人在一个岗位干时间长了，就会有惰性，产生习惯思维。但是到了新的岗位以后，会激活他的思想，大家一般都会想表现得好一些，所以在新岗位的积极性也会很高。工作几年以后，人到了一个舒适区，也就很难有创新了，所以一定要有岗位的轮换。在华为，没有一线工作经验的人不能当科长。新毕业大学生一定要去做销售员，做生产工人，你干得好就提上来。"

通过岗位调换华为实现了人力资源的合理配置和潜力的激活，促进了人才的合理流动，人力资本的价值发挥到了最大。

如果员工在某个岗位感觉不得心应手，华为会允许他再重新选择一个他认为更合适的岗位，当然华为也提倡"干一行，爱一行"。为防止基层员工随意转岗，任正非指示有关部门，那些已经转岗的和以后还要转岗的基层员工，只要不能达到新岗位的使用标准，而原工作岗位已由合格员工替代的，建议各部门先劝退，各部门不能在自己的流程中，有多余的冗积和沉淀，华为每年轮岗的人数不得超过总数的17%。他警告说，哪一个部门的干部工作效率不高，应由这一个部门的一把手负责。

干部轮岗

华为干部轮换有两种，一是业务轮换，如让研发人员去搞中试、生产、服务，使他真正理解什么叫做商品；另一种是岗位轮换，即让中高级干部的职务发生变动。任正非认为，职务变动有利于公司管理技巧的传播，形成均衡发展，同时有利于优秀干部快速成长。

按照华为公司惯例，一般业务线主要领导每隔三年左右都会进行轮岗。任正非主张高层干部要下基层，要在实践中增长才干，其中一个重要的保证，就是实行干部轮岗制。在他看来，职务变动有利于公司管理技巧的传播，形成均衡发展，同时有利于优秀干部快速成长。任正非称："干部循环和轮流不是一个短期行为，是一个长期行为。华为会逐步使内部劳动力市场逐渐走向规范化，要加强这种循环流动和培训，以在螺旋式中提升自己。"

"轮岗制"不仅有平级向上晋升，还有降级轮换的。甚至很多人都是从副总裁被直接任命为办事处主任的。如果没有一套健全的调节机制做保障，干部队伍可能会因此而乱掉，正常的工作部署也会七零八落。这种看似残酷的培训方式成为华为培养后备人才行之有效的途径之一。同时，对于个人来讲，无论是升迁还是降级，都是人生的一笔财富。

最初提出岗位轮换的是华为前副总裁李一男，他当时给任正非写了一个报告，建议高层领导一年一换，这样不容易形成个人权力圈，造成公司发展整体不平衡。这个建议得到了任正非的认可，并立即在华为推广开来。任正非表示："我们对中高级主管实行职务轮换政策。没有周边工作经验的人，不能担任部门主管。没有基层工作经验的人，不能担任科级以上干部。"

企业实施高管轮岗的原因很多，但总结起来不外乎出于三个方面的考虑：突破职业天花板，为企业培养综合型管理人才，减小内耗和防止腐败。华为的每一位主管几乎都有轮岗、换岗的经历，调换工作地点或者部门对他们来说很平常。而调换的原因可能因为业绩不佳，需要更合适的人选来替代；也可能因为干部的业绩太好，调换到新的岗位可以把好的经验加以推广；更可能没有任何理由。因为任正非希望通过干部强制轮岗，鼓励管理者积累多项业务的管理经验，并促进部门之间、业务流程各环节之间的协调配合，同时制度化和经常化的轮岗，也有利于激活团队。

任正非在其题为《华为的红旗到底能打多久》的内部演讲中说道："去年（2000 年）我们动员了两百多个硕士到售后服务系统去锻炼。我们是怎样动员的呢？我们说，跨世纪的网络营销专家、技术专家要从现场工程师中选拔，另外，凡是到现场的人工资比中研部高 500 元。一年后，他们有的分流到各种岗位上去，有的留下作了维修专家。他们有实践经验，在各种岗位上进步很快，又推动新的员工投入这种循环。这种技术、业务、管理的循环都把优良的东西带到基层去了。"

为加强研发市场驱动机制的运作，充分理解客户的需求，促进人才在华为内部的轮换和流动，华为每年都要派一些研发干部去市场，让那些一直在实验室里与设备打交道的科研人员到市场一线，直接接触客户。

轮岗已成为企业培养人才的一种有效方式，很多成功的公司如 IBM、西门子、爱立信、联想等都已经在公司内部或跨国分公司之间建立了岗位轮换制度。

在华为的岗位轮换上，华为前执行副总裁毛生江的职业经历很具有代表性。他从 1992 年进入华为，到 2000 年升任集团执行副总裁，8 年时间，他的工作岗位横跨了 8 个部门，职位也随之高高低低地变动了 8 次：1992 年 12 月任项目组经理；1993 年 5 月任开发部副经理、副总工程师；1993 年 11 月任生产部总经理；1995 年 11 月调任市场部代总裁；1996 年 5 月，任终端事业部总经理；1997 年 1 月任"华为通信"副总裁；1998 年 7 月任山东代表处代表、山东华为总经理；2000 年 1 月，被任命为华为执行副总裁。毛生江这样说道："人生常常有不止一条起跑线，不会有永远的成功，也不会有永远的失败，但自己多年坚持一个准则：既然选择，就要履行责任，不管职责如何变迁，不管岗位如何变化，'责任'两字的真正含义没变。"

2013年，任正非在公司内部会上讲道："出成绩的地方一定要出人才。现在还有30%的小国是亏损的，你们看70%盈利的小国，能否把30%的亏损小国带起来，优秀的人员可否把他调到亏损小国当头去？先把这30%的小国扭亏，干部横向调整就可以做起来，我们就能尽快把优秀干部调整到合适的岗位上去。当然，我更主张内生干部，有些小国虽然进步还小，但主管已经在改变，要给他机会。这样，大家就都说要做出成绩来，都想扛炸药包上，上了以后都有好处，才使公司这个队伍朝气蓬勃。所以，我们要加快干部选拔和流动，避免地方主义保护，避免烟囱。"

2013年，华为的一个重要组织——"片联"成立。华为的片联是什么机构？所谓片联，指的是华为的片区联席会议。根据华为的定义，它是代表公司协调和监督权力以及干部管理的特派员机构，是全球区域战略制定的组织者和执行的监督者，也是区域平台建设与组织运营的管理者。

任正非为片联的职责定了位，那就是主管干部的循环流动。任正非在片联成立大会上这样讲道："片联主管干部的循环流动，是个新生事物，任何人都无法准确地规划清楚，因此，边走边看，边干边完善。它不是一级串联组织，乱一些不影响公司的流程运行；它在流程外，并联于流程运作，激活流程的流动。我这个人从来不追求完美，先存在，后完美！

"片联的人都是老资格，绝大多数做过地区部总裁。什么叫老资格？就是有威望。相信现在二十几岁的小毛孩，有比我们这些老头聪明的，我们为什么不选最聪明的小毛孩到片联来当头呢？他当不了。技术是没有生命的，只要你聪明就能玩得转；但是人不一样，除了聪明，还得要有资历、有经验。

"片联是华为公司很重要的一个组织，这个组织就是要推动干部的循环流动。我跟胡厚崑（华为副董事长）聊天时谈到干部成长，他说我们干部都有个缺点，因为都是从基层打上来的，眼睛容易盯着下面，喜欢抓具体事，一抓'天上的事'，就感到失落、没权力，现在的片联就是这样。我们认为片联在这个历史时期要起到历史性的作用。

"片联要担负起历史的重任，加强干部'之'字形成长制度建设，坚持从成功实践中选拔优秀干部，破除地方主义，破除部门利益。这些年人才流动不了的一个原因就是地方主义、部门利益的阻挠。这种文化让机关和现场脱节，若形成两个阶级，华为公司迟早就分裂了，公司的前途也耽误了。破除板结就一定要加强干部流动，这是重要的任务，片联在这个历史时期要担负起这个任务来。"

任正非说，干部和人才不流动就会出现板结，会让机关和现场脱节，如果形成阶级，华为迟早会分裂。所以他一直强调干部和人才的流动，并要求片联不拘一格地从有成功实践经验的人中选拔优秀专家及干部；推动优秀的、有视野的、意志坚强的、品格好的干部走向"之"字形成长的道路，培养大量的将帅团队。

随着公司的发展，华为的岗位轮换制日益成熟起来，它促使员工和干部掌握多种技能，以适应环境的变化；同时避免了因在某一岗位任职时间太长，而形成官僚主义、利益圈等弊病。

俗语说"铁打的营盘流水的兵"，但如果让员工在企业内部流动，这句话就可以反过来说成"流水的兵铸就铁打的营盘"了。

第三节 不上市，保持斗志

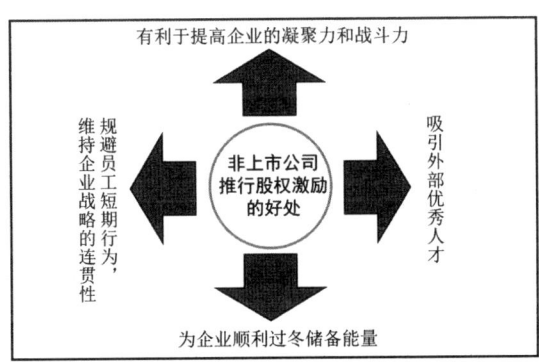

图 9.3 非上市公司推行股权激励的好处

股权激励是一种"稀缺品"。股权激励的宗旨是着眼于未来，股权激励必须是长期实行的。非上市公司推行股权激励主要基于以下考虑：

其一，有利于端正员工的工作心态，提高企业的凝聚力和战斗力。从雇员到股东，从代理人到合伙人，是员工身份的质变，而身份的质变必然带来工作心态的改变。过去是为老板打工，现在自己成了企业的"小老板"。工作心态的改变定然会促使"小老板"更加关心企业的经营状况，也会极力抵制一切损害企业利益的不良行为。

其二，规避员工的短期行为，维持企业战略的连贯性。据调查，"缺乏安全感"是导致人才流失的一个关键因素，也正是这种"不安全感"使员工的行为产生了短期性，进而危及企业的长期利益。而股权授予协议书的签署，表达了老板与员工长期合作的共同心愿，这也是对企业战略顺利推进的一种长期保障。

其三，吸引外部优秀人才，为企业不断输送新鲜血液。对于员工来说，其身价不仅取决于固定工资的高低，更取决于其所拥有的股权或期权的数量和价值。另外，拥有股权或期权也是一种身份的象征，是满足员工自我实现需求的重要筹码。所以，吸引和保留高层次人才，股权激励不可或缺。

其四，降低即期成本支出，为企业顺利过冬储备能量。金融危机的侵袭使企业对每一分现金的支出都表现得格外谨慎，尽管员工是企业"最宝贵的财富"，但在金融危机中，捉襟见肘的企业也体会到员工有点"贵得用不起"。股权激励，作为固定薪酬支付的部分替代，能在很大程度上实现企业与员工的双赢。

鉴于上述内容，股权激励受到越来越多非上市公司的追捧和青睐。

员工工作 2～3 年，就具备配股分红资格。根据华为 2010 年业绩，每股分红 2.98 元，如果一个老员工持 50 万股，他将在年底拿到分红 100 多万元。2011 年 1 月，华为宣布 2010 年虚拟受限股每股分红预计人民币 2.98 元，全部为现金分红，相较 2009 年每股现金分红 1.6 元，增值接近一倍。甚至有人表示，"很多华为员工可以用分红买辆奔驰或者宝马"。

一旦华为停止成长或关门，员工将损失惨重，所以华为能万众一心，蓬勃向上，企业的执行力特别强。因为员工都是在为自己工作。同时，尝到了高分红比例的不少员工每年都想方设法多挣一些股票，唯一的办法就是多给公司创造价值。任正非自己只占华为 1% 的股份，其余为高管和员工拥有。

目前，华为 15 万员工中有约 8 万人拥有华为的股票。由于高薪和股份化，给员工高额待遇，在华为的核心价值观里，这就是"以奋斗者为本"。

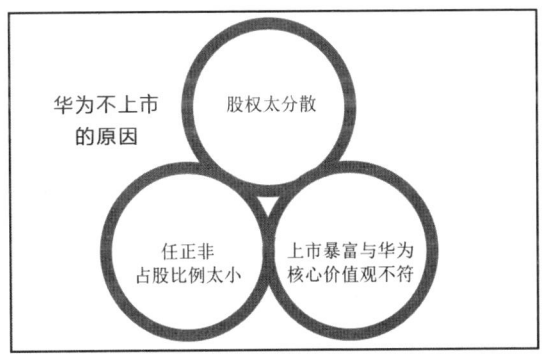

图 9.4 华为不上市的原因

为什么华为不上市? 第一，股权太分散。按照相关法规，非上市股份有限公司股东人数不得超过 200 人，而华为股东超过了 7 万人;第二，任正非占股比例太小，上市之后肯定会失去对公司的控制权，而华为又离不开任正非;第三，如果华为上市，就会产生成千上万个千万或亿万富翁，绑上黄金的雄鹰还能在天空翱翔吗? 上市暴富与华为"长期坚持艰苦奋斗"核心价值观完全背道而驰;第四，股东对上市公司季报年报的短期财务指标要求，与华为"以 10 年为单位规划未来"的市场运作模式相悖 (这是华为战胜许多国际巨头的重要原因);第五，华为最不缺的就是钱，就算华为缺钱，它也会把这个机会抛给价值链上的合作伙伴。

任正非道出了全球 IT(信息技术) 行业最残酷的定律，与其他任何产业相比较，这一行业过去与未来所展示的是一场死亡竞赛:大家都在拼命地追赶，但赢者一定是死得最晚的那一个。怎样才能避免早死? 唯有奋斗。怎样才能激发奋斗者? 合理并优异的人力资源机制。

"小富快跑，暴富跌倒。"不管是中国的还是西方的很多同行业公司,上市前生气勃勃,上市后要不了两年,公司就开始了组织动荡,"暴富"起来的个人要不变得不求进取，要不被竞争对手挖墙脚，更严重的是卖掉股票后，从公司挖一批人才，自立山头，成为公司的竞争者，

221

甚至可怕的敌对者。很显然，这是一套有重大缺陷的人力资源管理制度。

"不上市，就可能称霸世界！"任正非私底下这么说。这句话至少包含两层意思：一是团队的战斗精神，过多的"馅饼"会腐蚀一个人、一个组织的活力，会败坏团队的"精气神"，这是最可怕的"肌体坏死症"；二是不上市，有国际业界标准的薪酬待遇，每年还有分红，"既对团队有利益的吸引，同时又可保持斗志"，至少这一点华为实现了成功的平衡。

著名的国际电信巨头加拿大北电为什么衰落得这么快？就是因为一大帮坐拥亿万美金的富翁讨论公司的生死存亡，散散淡淡地没有紧迫感。所以北电错过多次转型自救的机会。

2014年6月，一向低调的任正非25年来首次公开接受了国内数十家媒体的集体采访，在网络上引起了极大的反响。任正非表示，华为20多年来管理还没有理顺，大量资本进入华为，必定导致多元化，所以他和华为决心不进资本市场，不搞多元化。任正非曾有一句名言："猪养得太肥了，连哼哼声都没了。科技企业是靠人才推动的，公司过早上市，就会有一批人变成百万富翁、千万富翁，他们的工作激情就会衰退，这对华为不是好事……员工年纪轻轻太有钱了，会变得懒惰，对他们个人的成长也不会有利。"

任正非：华为员工分三类

我对人力资源对象的政策理解分成三类：

第一类，普通劳动者，暂时定义为 12 级及以下为普通劳动者。这些人应该按法律相关的报酬条款，保护他们的利益，并根据公司经营情况，给他们稍微好一点的报酬。这是对普通劳动者的关怀。

第二类，一般的奋斗者。我们要允许一部分人不是积极的奋斗者，他们向往小家庭的温暖，想每天按时回家吃饭，对这种人可以给以理解，也是人的正常需要。

如果我们恰好有这样一个小岗位，那他可以坐上这个位置，踏踏实实做好小职员。对于这一部分人，我们有适合的岗位给他安排，如果没有适合的岗位，他可以到社会上去寻求。只要他们输出的贡献大于支付给他们的成本，他们就可以在公司生存。或许他的报酬还会比社会上的稍微高一点。

第三类，就是有成效的奋斗者，他们要分享公司的剩余价值，我们需要这些人。分享剩余价值的方式，就是奖金与股票。这些人是我们事业的中坚，我们渴望越来越多的人走进这个队伍。

我们处在一个竞争很激烈的市场，又没有什么特殊的资源与权利，不奋斗就会衰落，衰落后连一般的劳动者也保护不了。我们强调要按贡献拿待遇，也是基于这种居安思危的想法。我们从来不强调按工龄拿待遇。经常在调薪的时候有人说："这个人好几年没涨了，要涨一点工资。"为什么？这几年他的劳动质量是否进步了？他的贡献是不是变大了？如果没有，为什么要涨工资？我们有的岗位的职级为什么不封顶呢？要封顶。有的岗位的贡献没有变化，员工的报酬不能随工龄而上升。我们强调按贡献拿待遇，只要你贡献没有增加，就不应该多拿。我们公司把股票分给了员工，大家不仅获得了自己劳动的报酬，甚至还获得了资本增值的报酬，这种报酬比较多，对公司的影响就比较大。有人就因此惰怠。

要防止在奋斗者这个层面也产生惰怠者。我们各级团队对优秀的奋斗者的评价要跟着感觉走，判断这人是不是奋斗者，是不是有贡献，是依据他的表现，而不是依据公司的条文。他的股票的总数应根据各级管理团队的感觉，来确定他是否排在合适的队列位置，而不是迁就资历。

三类人，三种待遇。我们有些主管拿着僵化的文件比对，有的人奋斗得很好，但条款上不符合，他们就机械地把人狠狠地打击一下，这样打击是错的。这伤了我们的心，我们渴望那些拿着高薪冲锋、有使命感的人，我喜欢这些人。

因此文件的条款是严格的，但执行中要灵活授权，各个部门认为对具体某一个人不合理，你们就可以不执行公司的文件，你们要敢于为那些有缺点的优秀奋斗者说话。我今天要解释的问题就是当文件的条条框框与部门主管的主观判断发生冲突时，还是以部门说了算，文件的导向是告诉大家以后的方向。

在公司价值观和导向指引下，基于政策和制度，各级管理团队应实事求是、非僵化地执行、落实和操作，并对执行结果承担责任。同时通过这样的过程，不断优化我们的政策。

烧不死的鸟是凤凰

一位在公司曾经一帆风顺的干部，2010 年在东南非地区部被末位淘汰，后来选择到埃塞俄比亚迎接挑战，再次奋斗。他对"烧不死的鸟是凤凰"有了刻骨铭心的体会。

从一帆风顺到末位淘汰

2001 年，我以网优工程师的身份加入华为，2002 年至 2004 年在国内办事处工作，以优异业绩经历了网规网优经理、服务经理到客户经理的跨越。2005 年 3 月，我主动申请到刚果（金）拓展市场，在"机会"加"努力"的作用下，又完成了从客户经理、系统部主任到销售副代表的转身。刚果（金）六年的工作和生活，我伴随着公司的高速发展而成长，在不断突破海外市场的同时，也不断试错、改正，总结经验和教训。在刚果（金），我经受了战乱的考验，还收获了自己的小家庭，算是"成家立业"了。

2010 年底，时任地区部副总裁的两位老领导跟我沟通：我被干部末位淘汰了。平时我跟系统部主任们的沟通和鼓励，现在看来真是天人的讽刺——一个被淘汰的人，居然还在"培养"别人。太丢脸了！

而这个时期，家庭矛盾也正困扰着我，我甚至开始心灰意冷，觉得我的人生太失败了，一度有了离职的念头。

在煎熬徘徊中选择不放弃

我独自一人在河边走着，不断问自己：为什么是这个结果？以后怎么办……

虽然没有想清楚，但是，我并不服气！当我还浑浑噩噩沉浸在痛苦中时，老领导给我打来电话，让我去一趟埃塞俄比亚。该国是公司级重点竞争市场，长期被友商独家垄断。难道是有新任务？

我不能让别人瞧不起，而且，我不能给一起奋斗的这么多兄弟姐妹树立负面的形象。这是个机会，是再次证明自己，再次爬起来的机会，我一定要抓住。没有多做思考，我答应了领导的要求，一周内赶到了该国，开始新的战斗。一旦想清楚了，我绝不犹豫。

必须要感谢一下我的妻子！她在我最艰难的时候，放下对我的不满和抱怨，毅然支持我再次迎接挑战的决定，并很快带着两岁多大的女儿来那里跟我团聚，避免了我无限的牵挂和思念。

浴火重生

在埃塞俄比亚，我投入了全身心的力量，并以更严格的标准要求自己。我的个人目标是：总结过往的教训和经验，务必拿下该市场，再次证明自己。

跟最初的六个常驻兄弟一起，我们面对的是友商死死封锁了整整4年的独家电信市场，虽然当地政府曾表示："我们是欢迎华为的。"

没有退路，我们迎难而上。在重大项目部领导，北非地区部和埃塞代表处的指导下，我承担起项目团队的日常组织和具体项目运作，以及部分核心客户关系。我跟代表处的领导和兄弟们一起，开始全面梳理客户关系工作、分析竞争对手情况，发掘各种可能的机会点。在友商压制下,《潜伏》和《亮剑》被我们一遍又一遍地学习,我们活得越发精神。

功夫不负有心人。2011 年 8 月初,任总访问埃塞,受到鼓舞的我们把一线工作推向全面拓展的高潮。

交付的兄弟们很给力,不仅保证了我司在网设备的服务水平总体领先友商的好口碑,专业化的服务和解决方案也得到客户的广泛认可。

产品部的兄弟们很给力,我们每递出去的一份技术材料,都打到客户的心坎里。

客户线的兄弟人手有限,于是我们全员皆兵,充分发挥本地核心骨干员工的能量,所有人都领回相应的客户关系任务,客户关系拓展工作形成你追我赶、百舸争流的局面。

代表处的领导很给力,亲自抓住高层核心客户关系,并广泛传递客户关系技能。

地区部的领导很给力,总裁和几个副总裁三天两头来埃塞现场支持项目、拜访高层客户。

在大家的齐心协力、共同努力之下,我们全面完成了公司交给的任务,还获得了更大的市场份额。

继往开来,生活还在继续……

埃塞的竞争激烈程度,跟刚果(金)市场不可同日而语。也正是这种激烈的竞争,激发了我的斗志,也重新激活了我自己:绝大部分时间,我都是跟项目组同事一起在客户那里度过,或者在办公室度过。我们不断反复研究客户关系,分析对手信息,并制定竞争策略,拓展客户关系。

我也不断反思自己:在刚果代表处六年,太久了,环境太熟悉了,于是我慢慢产生了惰性。作为销售副代表,没能抓住当时代表处缺少订货的主要矛盾，导致目标没能完成。在哪里跌倒就要在哪里爬起来！在埃塞工作期间，我的目标感越来越强，公司交给我的重大项目和关键任务，都能够顺利完成。

我在刚果代表处的组织运作和经营管理的经验，在埃塞代表处组建过程中找到了用武之地。在2012年初的北非地区部市场大会期间，我还把我的这些经营管理经验和模板带到地区部，得到地区部总裁、CFO等主管的认可。埃塞新人多，大多没有做过大规模的项目，我就跟代表处领导一起，把客户关系和项目运作的经验在日常工作中例行传承和学习，对重点员工言传身教。

在新的竞争形势下，我们还针对性地组织了红蓝军对抗、模拟演练等工作，以提高实战的成功率。在代表处组织的辩论、主管经验分享等多种能力提升活动中，我和大多数同事一样，深受感染，学习了不少知识。

时间过得真快，转眼2年就要过去了，埃塞的工作和生活场景，如放电影般在脑海闪过：

还记得，在拓展低谷期间，几个领导一拍即合，召集大家去爬Entoto山。在海拔2300米到3500米之间，我们唱起高亢的歌，重整旗鼓；在山顶，我们指点着首都亚的斯亚贝巴的高楼绿地，要把我们最先进的基站放到这里、那里，大有"会当凌绝顶，一览众山小"的豪迈……

还记得，项目组熬了不知道多少个通宵，终于把几十箱标书装上8辆中巴车，在开道车和断后车辆的保护下，前前后后十几辆车，招摇地打开双闪灯，浩浩荡荡开往客户总部大楼。路上的埃塞人看到车头鲜艳的华为标志，竖起了大拇指……

也还记得，领导或严厉或温和地指出我这样那样的不足和毛病时，自己内心是多么的惭愧和自责……

当然也还记得，肖师傅和大隋在楼顶的烤羊肉，那是埃塞一绝；还记得每周六我们的足球队在 Entoto 山上的高原足球赛；还记得埃塞航空漂亮热情的埃塞空姐……

由于工作调整，如今我离开了项目组，离开了我曾经生死拼搏的、心爱的兄弟姐妹们，心中是多么的不舍！不过，生活还在继续，公司还会不断发展和壮大，我也还需要不断学习和提高。

在这个宁静的夜晚，我泡上一杯 TOMACO 咖啡，好好品味一下那句华为人说过很多遍的话：烧不死的鸟是凤凰！

（本文摘自《烧不死的鸟是凤凰》作者：尹玉昆，来源：华为人，2015)

后　记

德鲁克表示："组织的功能就是要让平凡的人在一起做出不平凡的事情来。"

组织的发展，员工的行为都与激励密切相关，一名合格的管理者，必须了解激励、善用激励，充分发挥激励的作用，激励员工更好地为组织服务，激励组织不断地向前发展。

本书通过真实案例与数据为您讲述华为这个世界五百强企业、中国最优质民营企业在运用的激励法则。

在《华为员工激励法》的写作过程中，作者查阅、参考了大量的文章、文献和作品，部分精彩文章未能正确及时注明来源及联系版权拥有者并支付稿酬，希望相关版权拥有者见到本声明后及时与我们联系，我们都将按相关规定支付稿酬。在此，作者深深表示歉意与感谢。

由于编者水平有限，书中不足之处在所难免，诚请广大读者指正。同时，为了给读者奉献较好的作品，本书在写作过程中的资料搜集、查阅、检索与整理的工作量非常巨大，需要许多人同时协作才得以完成，并得到了许多人的热心支持与帮助，在此感谢彭禄真、林云、杨泽健、刘余迢、杨亚如、庄焕艳等人，感谢他们的辛勤劳动与精益求精的敬业精神。

参考文献

［1］黄卫伟.以奋斗者为本：华为公司人力资源管理纲要 [M] 北京：中信出版社，2014.

［2］孟庆春.向毛泽东学带队伍 [M] 北京：机械工业出版社，2014

［3］孙科柳.华为绩效管理法 [M] 北京：电子工业出版社，2014

［4］孙科柳.华为带队伍 [M] 北京：电子工业出版社，2014

［5］黄宪仁.如何推动目标管理［M］厦门：厦门大学出版社，2010

［6］薛中行.中国式股权激励［M］北京：中国工商出版社，2014

［7］赵国祥，杨巍峰.管理心理学［M］开封：河南大学出版社，1995

［8］杰克·韦尔奇，苏茜·韦尔奇.赢［M］.余江，玉书，译.北京：中信出版社，2005

［9］周欣悦.工作是一种本能 [J] 中欧商业评论，2013

［10］两熊赛蜜 [J].大众标准化，2011

［11］陈明，封智勇，余来文.华为如何有效激励人才 [J].化工管理，2006

［12］朱然.孙亚芳：华为的智色女舵手 [J].今日财富，2007

［13］穆鸿.一帘幽梦·半城烟雨 [J].华为人，2012

［14］从自我批判中崛起 [J].华为人，2009

［15］庄文静.华为：如何让新员工融入"狼群" [J].中外管理，2014

［16］张焱.德鲁克：员工满意度是个毫无意义的概念 [J].商学院，2014